本书为国家社会科学基金项目"改革开放40年与蒙古族村落社会变迁研究"(编号：19BSH007)阶段性成果。

中国非洲研究院文库·中国脱贫攻坚调研报告

主 编 蔡昉

智库 中社

国家智库报告

2020 National Think Tank

中国脱贫攻坚调研报告

——通辽篇

RESEARCH REPORTS ON THE ELIMINATION OF POVERTY IN CHINA

—TONGLIAO CITY, INNER MONGOLIA AUTONOMOUS REGION

王苏敏 王泰 安春英 著

中国社会科学出版社

图书在版编目（CIP）数据

中国脱贫攻坚调研报告. 通辽篇／王苏敏等著. —北京：中国社会科学
出版社，2020.5
（国家智库报告）
ISBN 978 - 7 - 5203 - 6770 - 7

Ⅰ.①中… Ⅱ.①王… Ⅲ.①扶贫—调查报告—通辽 Ⅳ.①F126

中国版本图书馆 CIP 数据核字（2020）第 115875 号

出 版 人 赵剑英
项目统筹 王 茵
责任编辑 李海莹 黄 晗
责任校对 李 剑
责任印制 李寡寡

出 版 中国社会科学出版社
社 址 北京鼓楼西大街甲 158 号
邮 编 100720
网 址 http://www.csspw.cn
发 行 部 010 - 84083685
门 市 部 010 - 84029450
经 销 新华书店及其他书店

印刷装订 北京君升印刷有限公司
版 次 2020 年 5 月第 1 版
印 次 2020 年 5 月第 1 次印刷

开 本 787 × 1092 1/16
印 张 10.25
插 页 2
字 数 150 千字
定 价 59.00 元

充分发挥智库作用
助力中非友好合作
——"中国非洲研究院文库"总序

当今世界正面临百年未有之大变局。世界多极化、经济全球化、社会信息化、文化多样化深入发展，和平、发展、合作、共赢成为人类社会共同的诉求，构建人类命运共同体成为各国人民共同的愿望。与此同时，大国博弈激烈，地区冲突不断，恐怖主义难除，发展失衡严重，气候变化凸显，单边主义和贸易保护主义抬头，人类面临许多共同挑战。中国是世界上最大的发展中国家，是人类和平与发展事业的建设者、贡献者和维护者。2017 年 10 月中共十九大胜利召开，引领中国发展踏上新的伟大征程。在习近平新时代中国特色社会主义思想指引下，中国人民正在为实现"两个一百年"奋斗目标和中华民族伟大复兴的"中国梦"而奋发努力，同时继续努力为人类作出新的更大的贡献。非洲是发展中国家最集中的大陆，是维护世界和平、促进全球发展的重要力量之一。近年来，非洲在自主可持续发展、联合自强道路上取得了可喜进展，从西方眼中"没有希望的大陆"变成了"充满希望的大陆"，成为"奔跑的雄狮"。非洲各国正在积极探索适合自身国情的发展道路，非洲人民正在为实现《2063年议程》与和平繁荣的"非洲梦"而努力奋斗。

中国与非洲传统友谊源远流长，中非历来是命运共同体。中国高度重视发展中非关系，2013年3月习近平担任国家主席后首次出访就选择了非洲；2018年7月习近平连任国家主席后首次出访仍然选择了非洲；6年间，习近平主席先后4次踏上非洲大陆，访问坦桑尼亚、南非、塞内加尔等8国，向世界表明中国对中非传统友谊倍加珍惜，对非洲和中非关系高度重视。2018年中非合作论坛北京峰会成功召开。习近平主席在此次峰会上，揭示了中非团结合作的本质特征，指明了中非关系发展的前进方向，规划了中非共同发展的具体路径，极大完善并创新了中国对非政策的理论框架和思想体系，这成为习近平新时代中国特色社会主义外交思想的重要理论创新成果，为未来中非关系的发展提供了强大政治遵循和行动指南。这次峰会是中非关系发展史上又一次具有里程碑意义的盛会。

随着中非合作蓬勃发展，国际社会对中非关系的关注度不断提高，出于对中国在非洲影响力不断上升的担忧，西方国家不时泛起一些肆意抹黑、诋毁中非关系的奇谈怪论，诸如"新殖民主义论""资源争夺论""债务陷阱论"等，给中非关系发展带来一定程度的干扰。在此背景下，学术界加强对非洲和中非关系的研究，及时推出相关研究成果，提升国际话语权，展示中非务实合作的丰硕成果，客观积极地反映中非关系良好发展，向世界发出中国声音，显得日益紧迫和重要。

中国社会科学院以习近平新时代中国特色社会主义思想为指导，努力建设马克思主义理论阵地，发挥为党的国家决策服务的思想库作用，努力为构建中国特色哲学社会科学学科体系、学术体系、话语体系作出新的更大贡献，不断增强我国哲学社会科学的国际影响力。中国社会科学院西亚非洲研究所是当年根据毛泽东主席批示成立的区域性研究机构，长期致力于非洲问题和中非关系研究，基础研究和应用研究并重，出版和发表了大量学术专著和论文，在国内外的影响力不断扩大。以西亚非洲研究所为主体于2019年4月成立的中国非洲研究院，是习近平总书记在中非合作论坛北京峰会上宣布的加强中非人文交流行动的重要举措。

按照习近平总书记致中国非洲研究院成立贺信精神，中国非洲研究院的宗旨是：汇聚中非学术智库资源，深化中非文明互鉴，加强治国理政和发展经验交流，为中非和中非同其他各方的合作集思广益、建言献策，增进中非人民相互了解和友谊，为中非共同推进"一带一路"合作，共同建设面向未来的中非全面战略合作伙伴关系，共同构筑更加紧密的中非命运共同体提供智力支持和人才支撑。中国非洲研究院有四大功能：一是发挥交流平台作用，密切中非学术交往。办好"非洲讲坛""中国讲坛""大使讲坛"，创办"中非文明对话大会"，运行好"中非治国理政交流机制""中非可持续发展交流机制""中非共建'一带一路'交流机制"。二是发挥研究基地作用，聚焦共建"一带一路"。开展中非合作研究，对中非共同关注的重大问题和热点问题进行跟踪研究，定期发布研究课题及其成果。三是发挥人才高地作用，培养高端专业人才。开展学历学位教育，实施中非学者互访项目，培养青年专家、扶持青年学者和培养高端专业人才。四是发挥传播窗口作用，讲好中非友好故事。办好中国非洲研究院微信公众号，办好中英文中国非洲研究院网站，创办多语种《中国非洲学刊》。

为贯彻落实习近平总书记的贺信精神，更好地汇聚中非学术智库资源，团结非洲学者，引领中国非洲研究工作者提高学术水平和创新能力，推动相关非洲学科融合发展，推出精品力作，同时重视加强学术道德建设，中国非洲研究院面向全国非洲研究学界，坚持立足中国，放眼世界，特设"中国非洲研究院文库"。"中国非洲研究院文库"坚持精品导向，由相关部门领导与专家学者组成的编辑委员会遴选非洲研究及中非关系研究的相关成果，并统一组织出版，下设六大系列丛书："学术著作"系列重在推动学科发展和建议，反映非洲发展问题、发展道路及中非合作等某一学科领域的系统性专题研究或国别研究成果；"经典译丛"系列主要把非洲学者以及其他方学者有关非洲问题研究的经典学术著作翻译成中文出版，特别注重全面反映非洲本土学者的学术水平、学术观点和对自身发展问题的认识；"法律译丛"系列即翻译出版非洲国家的投资法、矿业法、建筑法、环保法、劳动法、税法、海关法、土地法、金融法、仲裁法等等重要法律法规，以及非洲大陆、区域和次区域组织法律文件；"智库报告"系列以中非关系为研究主线，中非各领域合作、国别双边关系及中国与其他国际角色在非洲的互动关系为支撑，客观、准确、翔实地反映中非合作的现状，为新时代中非关系顺利发展提供对策建议；"研究论丛"系列基于国际格局新变化、中国特色社会主义进入新时代，集结中国专家学者研究非洲政治、经济、安全、社会发展等方面的重大问题和非洲国际关系的创新性学术论文,具有学科覆盖面、基础性、系统性和标志性研究成果的特点;"年鉴"系列是连续出版的资料性文献,设有"重要文献""热点聚焦""专题特稿""研究综述""新书选介""学刊简介""学术机构""学术动态""数据统计""年度大事"等栏目,系统汇集每年度非洲研究的新观点、新动态、新成果。

期待中国的非洲研究和非洲的中国研究在中国非洲研究院成立的新的历史起点上,凝聚国内研究力量,联合非洲各国专家学者,开拓进取,勇于创新,不断推进我国的非洲研究和非洲的中国研究以及中非关系研究,从而更好地服务于中非共建"一带一路",助力新时代中非友好合作全面深入发展。

中国社会科学院副院长

中国非洲研究院院长

蔡　昉

摘要： 作为长期存在的一种社会经济现象，贫困问题是一个世界性难题，消除贫困，是全人类的共同目标和美好愿望。党的十八大以来，习近平同志把扶贫开发摆到治国理政的重要位置，提升到事关全面建成小康社会、实现第一个百年奋斗目标的新高度，纳入"五位一体"总体布局和"四个全面"战略布局进行决策部署，鲜明提出"精准扶贫"理念。内蒙古通辽地区长期以来由于其特殊的区域位置、地理环境问题和民族特点相互交织，贫困问题一直极其深厚，是内蒙古地区反贫困的重点，在少数民族地区的精准扶贫中具有一定的代表性。

通辽市根据自身环境特点，立足特色资源，开展特色产业助力精准扶贫，通过品种改良、科学养殖、全产业链经营等方式，促进当地黄牛产业规模化，带动饲草、屠宰、加工、销售等相关领域的发展，助力农民增收；挖掘蒙医药经济、科技、文化、生态潜力，打造内蒙古蒙中药材品牌，努力把蒙中医药产业打造成为通辽市主要支柱产业，带动贫困地区农牧民转型发展和全区农牧民创收致富；开展乡村旅游，努力推动生态建设与脱贫攻坚深度融合，将"旅游＋扶贫"作为带动贫困地区群众脱贫致富的民生产业和扶贫攻坚的重要抓手，着力引导贫困旗县依托当地景区旅游资源，实施景区品质提升工程，完善景区配套设施，实现景区对周边贫困村的带动力，帮助贫困嘎查村增收脱贫，持续释放旅游扶贫新活力；利用国家关于无补贴平价上网项目新政出台的有利契机，重点推进100万千瓦风电平价上网项目，结合生态保护和环境治理工作，积极推进光伏治沙、光伏领跑、采煤沉陷区、矿区排土场光伏发电项目，鼓励利用建筑物及附属场地，制定出台光伏能源产业发展规划，鼓励新能源企业通过改进技术、引进设备等方式降低成本，有序开展竞价上网，着力推进风电、光伏发电分别实现平价上网；通过打造通辽市电子商务产业园区，发展"互联网＋"项目，引导贫困户融入电商产业链条，积极推动贫困地区、贫困户的产品线上线下互动营销，助推增加贫困户收入；通过推进公益林生态效益补偿、实施退耕还林、开展草沙系统治理等模式开展生态扶贫，依托并发挥贫困地区生态资源禀赋优势，选择与生态保护紧密结合、市场相对稳定的特色产业，将资源优势转化为产业优势、经济优势；通过落实助学资助政策体系，加大教育扶贫力度，为贫困家庭的孩子接受更好的教育创造条件，通过资助政策帮助贫困家庭学生完成学业，大力发展民族教育，通过扶贫与扶智有机结合，促进贫困民众内生动力，实现"输血"式扶贫向"造血"式扶贫的转变，全力打好教育扶贫"组合拳"，完成"发展教育脱贫一批"的重要任务；通过提升社会兜底保障工程，开展慢病贫困患者送医送药服务，实现家门口诊疗，所有旗县建立了"一站式"结算服务综合窗口等措施，推动社会救助体系进一步健全，确保困难群众基本生活水平与全面小康相适应，免除贫困户生产生活方面的后顾之忧。

此外，本书还从完善精准扶贫效果、强化考核落实、提高地方政府治理能力、宣传能人带动战略及政策制定和实施等方面探讨了通辽市精准扶贫的经验、成就与启示，旨在打破扶贫工作的困境，扎实推进通辽市精准扶贫工作发展。未来通辽市将扎实做好后续帮扶工作，巩固脱贫成果；狠抓作风能力建设，加强对脱贫工作绩效特别是贫困县摘帽情况的监督；切实加强组织领导，健全攻坚机制，完善政策措施，集中力量全面完成剩余脱贫任务，切实提高贫困人口获得感。

关键词：通辽市；精准扶贫；模式；经验

Abstract: As a long-standing social and economic phenomenon, poverty is a worldwide problem. Eliminating poverty is the common goal and good wish of all mankind. . Since the eighteen Party's Congress, the Party Central Committee with Comrade Xi Jinping as its core has put the poverty alleviation and development into an important position in governing the country that achieves to a new height of building a well-off society in an all-round way and accomplishs the first hundred year's goal of struggle. It has been included in the overall layout of the five in one and the strategic layout of the "four sides", which aims to make decision and deployment, increase investment in poverty alleviation and innovate poverty alleviation. Major poverty alleviation policies and measures, which clearly put forward the concept of "targeted poverty alleviation" . For a long time, the poverty problem in Tongliao region of Inner Mongolia is very serious because of its special regional location, geographical environment and ethnic characteristics, which has been the focus of anti-poverty in Inner Mongolia autonomous region. It has a certain representativeness in the targeted poverty alleviation in minority areas.

In the long-term theoretical summary and practical exploration of anti-poverty, Tongliao City, based on its own environmental characteristics and characteristic resources, has developed characteristic industries to help targeted poverty alleviation. Tongliao city has promoted the large-scale and standardized breeding of local cattle industry, thereby driving the development of forage, slaughter, processing, sales and other related fields, and has helped farmers increase their income through variety improvement, scientific breeding and whole industrial chain management. To drive the transformation and development of farmers and herdsmen in poverty-stricken areas, and create income and prosperity for farmers and herdsmen in the whole region, the Mongolian traditional medicine has been built in Tongliao city by exploring the potential of Mongolian medicine in economy, science and technology, culture and ecology, expanding and strengthening the cause of Mongolian medicine, building the brand of Mongolian traditional Chinese medicine in Inner Mongolia. To carry out rural tourism, strive to promote the deep integration of ecological construction and poverty alleviation, "tourism + poverty alleviation" has been taken as an important starting point for people's livelihood industry and poverty alleviation in poverty-stricken areas, and striving to guide poverty counties to rely on local scenic spot tourism resources to implement the quality improvement project of scenic spot, improve the supporting facilities of scenic spot, and realize the driving force of scenic spot to surrounding poor villages, thereby helping the poor village of Gacha get rid of poverty by increasing income and continuously release the new vitality of poverty alleviation. Taking advantage of the favorable opportunity of the new policy of the country's unsubsidized low-cost Internet project, Tongliao city has focused on promoting the 1 million-kilowatt wind-level Internet project, combined with ecological protection and environmental governance, actively promoting photovoltaic sand control, photovoltaic leadership, coal mining subsidence areas, and mining area dump for photovoltaic power generation projects, encouraging the use of buildings and affiliated venues, formulating development plans for the photovoltaic energy industry, encouraging new energy companies to reduce costs through improved technology, introduced equipment, etc, conducting orderly online bidding, and focusing on promoting wind power and photovoltaic power generation to achieve respectively parity access to the Internet. To develop "Internet +" project, guide poor households into the e-commerce industry chain, the e-commerce industrial park has been built in Tongliao city, which will actively promote online and offline interactive marketing of products in poor areas and poor households, and help increase the income of poor households. By promoting the ecological benefit compensation of public welfare forest, implementing the mode of returning farmland to forest, and developing the grass and sand system governance, Tongliao city has carried out ecological poverty alleviation, relying on and exerting the advantages of ecological resources endowment in poor areas, and selecting characteristic industries that are closely integrated with ecological protection and have relatively stable markets to transform resources advantages into industrial advantages and economic advantages. By implementing the policy system of aid to students, the efforts of poverty alleviation through education has been strengthened to create conditions for children from poor families to receive better education. The aid policy has been carried out to help the students from poor families complete their studies, vigorously developing national education. The endogenous power of poor people has been promoted through the organic combination of poverty alleviation and intellectual support, aming to realize the transformation from "blood transfusion" poverty alleviation to "hematopoiesis" poverty alleviation, meanwhile, a good combination of education and poverty alleviation has also been made, aming to complete the important task of "developing education to lift a number of people out of poverty"; By enhancing the social support project, carrying out the delivery of medical services and medicines for chronically ill and poor patients, and achieving door-to-door diagnosis and treatment, all Qi counties have established a "one-stop" settlement service comprehensive window and other measures to promote the further improvement of the social assistance system, in order to ensure that the basic living standard of the poor is compatible with the overall well-off, and to avoid the worries of the poor households in production and life.

In addition, this book also has discussed the achievements and enlightenment of targeted poverty alleviation in Tongliao City from the aspects of perfecting the effect of targeted poverty alleviation, strengthening the implementation of assessment, improving the governance ability of local governments, promoting the strategy and policy formulation and implementation driven by competent people, aiming to break the dilemma of poverty alleviation and solidly promote the development of targeted poverty alleviation in Tongliao City. In the future, Tongliao City will do a solid job in the follow-up assistance work, consolidate the achievements of poverty alleviation; pay close attention to the construction of work style and capacity, strengthen the supervision of the performance of poverty alleviation work, especially the decapitation of poor counties; practically strengthen the organization and leadership, improve the key mechanism, as well as the policies and measures, focus on the overall completion of the remaining tasks of poverty alleviation, and effectively increase the sense of access of the poor people.

Key words: Tongliao city; Targeted poverty alleviation; Model; Experience

目　　录

绪论 ……………………………………………………………（1）

一　通辽市精准扶贫道路的探索历程 ……………………（3）

　（一）中国扶贫开发的历程 ………………………………（3）

　（二）通辽市扶贫开发历程及方式探索 …………………（5）

二　通辽市发展特色产业助力精准扶贫 …………………（15）

　（一）通辽市发展黄牛产业助力精准扶贫 ………………（15）

　（二）通辽市发展蒙医药产业助力精准扶贫 ……………（27）

　（三）通辽市发展乡村旅游助力精准扶贫 ………………（37）

　（四）通辽市发展光伏产业助力精准扶贫 ………………（48）

三　通辽市发展电子商务助力精准扶贫 …………………（56）

　（一）通辽市电子商务发展现状及成就 …………………（56）

　（二）通辽市发展电子商务主要经验 ……………………（64）

四　通辽市推进生态产业助力精准扶贫 …………………（70）

　（一）通辽市发展生态产业扶贫概况 ……………………（71）

　（二）通辽市打造科左后旗生态扶贫模式 ………………（75）

五　通辽市大力发展民族教育助力精准扶贫 ……………（80）

（一）通辽市民族教育发展概况 …………………（81）

（二）通辽市教育扶贫政策及成就 ………………（86）

六　通辽市强化社会保障兜底工程助力精准扶贫 …………（92）

（一）通辽市社会保障兜底实施概况 ……………（92）

（二）通辽市实施社会兜底保障工程经验 …………（96）

七　通辽市精准扶贫的经验成就与启示 ……………（103）

（一）通辽市精准扶贫的经验与成就 ……………（103）

（二）通辽市巩固扶贫成果的建议 ………………（125）

结语 ……………………………………（138）

参考文献 ………………………………（139）

后记 ……………………………………（146）

绪　　论

中国少数民族众多，大部分贫困人口居住在"老、少、边、穷"地区，处于一个发展不平衡的状态。内蒙古自治区通辽市作为少数民族特别是蒙古族比较集中的地区，长期以来由于其特殊的区域位置、地理环境问题和民族特点相互交织，贫困问题极其深厚，一直是内蒙古自治区反贫困的重点，在民族地区的精准扶贫中具有一定的代表性。解决这一地区的贫困问题，对中国农牧交错带的扶贫开发模式及对原有的扶贫机制的反思与改进具有重大意义，对民族地区全面建成小康社会、实现2020年全面脱贫和各民族共享发展成果、构建和谐民族关系意义非凡。

本书共七章。第一章是"通辽市精准扶贫道路的探索历程"，通过梳理国家精准扶贫政策阐明国家治理贫困的定位，回顾了内蒙古自治区通辽市扶贫政策的历程。从第二章到第六章介绍了内蒙古自治区通辽市精准扶贫的主要举措，在长期反贫困的理论总结和实践探索中，通辽市根据自身环境特点，采取了驻村帮扶，大力发展肉牛、肉羊等扶贫主导产业，成立了新型农牧民合作组织——玛拉沁艾力（牧民之家）养牛专业合作社，积极推进1000千瓦村级光伏电站项目，打造通辽市电子商务产业园区，积极引进国内知名电商企业参与通辽市电子商务的发展，以庭院特色种养业、乡村旅游业和庭院加工业为重点，发展庭院特色养殖，开发"农家乐""牧家乐""采摘园"等餐饮娱乐为一体的乡村旅游富民项目，健全从小学到大学教育保障体系，为贫困家庭小学生、初中生、高中生发放教育补助金，向建档立卡的贫困家庭中职、高职学生发放"雨露计划"项目补助，开展了慢病贫困患者送医送药服务，建立了"一站式"结算服务综合窗口政策等。第七章是内蒙古自治区通辽市精准扶贫的经验、成就与启示。主要从完善精准扶贫效果，强化考核落实，提高地方政府治理能力、宣传能人带动战略及政策制定和实施等几个方面出发，旨在打破扶贫工作的困境，推动通辽市精准扶贫工作朝着良好的方向发展。

本书在撰写过程中参考借鉴了大量专家和学者的研究成果，从中汲取了许多有益经验，在此向相关学者表示诚挚的感谢！但由于条件的限制，加之时间仓促，书中难免存在不妥之处，望广大读者能够予以批评、指正，以待进一步完善。

一　通辽市精准扶贫道路的探索历程

2020 年全面建成小康社会，是实现中华民族伟大复兴中国梦的关键一步，打赢脱贫攻坚战，确保到 2020 年中国贫困人口实现脱贫、实现共同富裕的重大举措，是促进区域协调、民族团结和边疆稳固的重要保证，事关人民福祉和国家长治久安，使命光荣、责任重大。消除贫困、改善民生、逐步实现共同富裕，是社会主义的本质要求，是我们党的重要使命和人民政府义不容辞的责任。中国是世界上最大的发展中国家，一直是世界减贫事业的积极倡导者和有力推动者，改革开放 40 多年来，中国人民积极探索、顽强奋斗，走出了一条适合中国的减贫道路。中国坚持改革开放，不断出台有利于贫困地区和贫困人口发展的政策，为大规模减贫奠定了基础、提供了条件。

（一）中国扶贫开发的历程

中国的贫困人口从 2012 年年底的 9899 万人减到 2019 年年底的 551 万人，贫困发生率由 10.2% 降至 0.6%，连续 7 年每年减贫 1000 万人以上，全国 95% 左右现行标准的贫困人口实现脱贫，90% 以上的贫困县实现摘帽。到 2020 年 2 月底，全国 832 个贫困县仅剩 52 个贫困县未脱贫，区域性整体贫困基本得到解决。中国的减贫方案和减贫成就得到了国际社会的普遍认可，联合国秘书长古特雷斯表示，中国的精准扶贫方略是帮助贫困人口实现 2030 年可持续发展议程设定的宏伟目标的唯一途径，中国的经验可以为其他发展中国家提供有益借鉴。

改革开放以来，特别是实施《国家八七扶贫攻坚计划》以来，中国农村贫困现象明显缓解，8 亿多人摆脱贫困，取得了举世瞩目的伟大成就，谱写了人类反贫困历史上的辉煌篇章，中国也成为全球最早实现联合国千年发展目标中减贫目标的发展中国家，为全球减贫事业做出了重大贡献。

中国大规模扶贫开发政策的调整始于 1986 年，逐级成立了专门扶贫机构，确定了开发式扶贫方针，并划定了 258 个国家级贫困县。1994 年，《国家八七扶贫攻坚计划》制订和实施，农村贫困人口已从 1985 年的 1.25 亿人减少至 1993 年的 8000 万人，贫困发生率由 1993 年的 8.72% 下降至 2000 年的 3% 左右，农村贫困人口温饱问题基本得以解决。① 2001 年 5 月，国务院扶贫领导小组颁布了《中国农村扶贫开发纲要（2001—2010）》，提出了中国农村扶贫工作新的目标和策略。改革开放 40 多年来，数亿中国人甩掉了贫困的帽子，但中国的扶贫仍然面临艰巨的任务。按照中国扶贫标准，至 2013 年年底中国仍有 8249 万农村贫困人口，贫困地区发展滞后问题没有根本改变。从发展环境看，经济形势更加错综复杂，经济下行压力大，地区经济发展分化为缩小贫困地区与全国发展差距带来新挑战，贫困地区县级财力薄弱，基础设施瓶颈制约依然明显，基本公共服务供给能力不足，产业发展活力不强，结构单一，环境约束趋紧，粗放式资源开发模式难以为继，贫困人口就业渠道狭窄，转移就业和增收难度大。在这种情况下需要进一步提高扶

① 王博、朱玉春：《改革开放 40 年中国农村反贫困经验总结——兼论精准扶贫的历史必然性和长期性》，《西北农林科技大学学报》（社会科学版）2018 年第 6 期。

贫工作的针对性和有效性，2013 年，总书记在湖南湘西考察时，首次提出"精准扶贫"概念，要求扶贫工作因地制宜、精准扶贫，这既是对中国之前扶贫实践的理论反思，同时又包含重大的理论创新。

党的十八大以来，中国把扶贫开发摆在更加突出的位置，把精准扶贫、精准脱贫作为基本方略，开创了扶贫事业新局面，脱贫攻坚取得了决定性进展，稳步向历史性解决绝对贫困和全面建成小康社会迈进。新型工业化、信息化、城镇化、农业现代化同步推进和国家重大区域发展战略加快实施，为贫困地区发展提供了良好环境和重大机遇，特别是国家综合实力不断增强，为打赢脱贫攻坚战奠定了坚实的物质基础。中央扶贫开发工作会议确立了精准扶贫、精准脱贫基本方略，党中央、国务院制定出台了系列重大政策措施，为举全国之力打赢脱贫攻坚战提供了坚强的政治保证和制度保障。按照党中央、国务院决策部署，坚持精准扶贫、精准脱贫基本方略，坚持精准帮扶与区域整体开发有机结合，以革命老区、民族地区、边疆地区和集中连片特困地区为重点，以社会主义政治制度为根本保障，不断创新体制机制，充分发挥政府、市场和社会协同作用，充分调动贫困地区干部群众的内生动力，大力推进实施一批脱贫攻坚工程，加快破解贫困地区区域发展瓶颈制约，不断增强贫困地区和贫困人口的自我发展能力，确保与全国同步进入全面小康社会。

（二）通辽市扶贫开发历程及方式探索

通辽市，位于内蒙古自治区东部，总面积 59535 平方公里，南北长约 418 公里，东西宽约 370 公里。东靠吉林省四平市，西接赤峰市、锡林郭勒盟，南依辽宁省沈阳市、阜新市、铁岭市，北边与兴安盟以及吉林省白城市、松原市为邻，是环渤海经济圈和东北经济区的重要枢纽城市。下辖 1 个市辖区、1 个开发区、1 个县、5 个旗，代管 1 个县级市。即科尔沁区、通辽经济技术开发区、开鲁县、库伦旗、奈曼旗、扎鲁特旗、科尔沁左翼中旗（以下简称科左中旗）、科尔沁左翼后旗（以下简称科左后旗）和霍林郭勒市。

通辽市地处森林和草原的过渡地带，原始景观为榆树疏林草原，以草原植被为主，森林植被居于其次，天然草地植物有 112 科、446 属、1169 种，2010 年，通辽市总人口为 310 万人，其中蒙古族为 138 万人，占中国蒙古族人口的 1/4，是中国内蒙古自治区蒙古族人口最集中的地区。通辽市是一个典型的农牧结合地区，贫困人口较多，其中国家级贫困旗县（以下简称国贫旗县）7 个，自治区贫困旗县（以下简称区贫旗县）6 个，在国家精准扶贫战略指导下，通辽市从农村牧区贫困现状出发，以促进农牧民增收致富为基本思路，以选准区域优势特色产业为前提，创新组织实施、资金保障和益贫机制，制定了一系列政策措施，取得了显著成效，其经验做法具有重要的借鉴意义和可推广价值。

2013 年 3 月 19 日，内蒙古自治区党委书记在全区传达贯彻全国两会精神干部大会上，代表自治区党委、政府，就深入学习贯彻党的十八大精神和全国两会精神，提出了"8337"的发展思路。① 根据内蒙古自治区党委、政府《关于创新扶贫工作机制扎实推进扶贫攻坚工程的意见》和《关于印发〈深入推进扶贫攻坚工程"三到村三到户"工作方案〉的通知》精神，按照国务院扶贫办《关于印发扶贫开发建档立卡工作方案》和全国扶贫开发领导小组第二次全体会议和全国扶贫工作座谈会关于

---

① 内蒙古新闻联播：《"8337"发展思路落实及解读》，2020 年 4 月 11 日，http：//www.nmgce.gov.cn/courseinfo.aspx？id = c415d5a6 - 5760 - 4b3e - b738 - fa6c4a1351a8。

建档立卡工作要求，通辽市开始实施建档立卡工作。通过建档立卡，对贫困户和贫困村进行精准识别，了解贫困状况，分析致贫原因，摸清帮扶需求，明确帮扶主体，落实帮扶措施，开展考核问效，实施动态管理，分析掌握扶贫开发工作情况，为扶贫开发决策和考核提供依据。2014年10月底前，在全区范围内建立贫困户、贫困村、贫困旗县和连片特困地区电子信息档案，并向贫困户发放扶贫手册。以此为基础，构建全区扶贫信息网络系统，并与全国扶贫信息网络系统有效对接，为精准扶贫工作奠定基础。

2014年通辽市深入贯彻落实内蒙古自治区"8337"发展思路，紧紧围绕《通辽市2014年扶贫开发行动计划》相关要求，以省级领导干部联系贫困旗县、市级领导联系重点贫困苏木镇为龙头，突出"六项任务"和"十个全覆盖"，将扶贫开发作为头号民生工程，深化改革，开拓创新，扎实推进"三到村三到户"精准扶贫和"金融扶贫富民工程"，全力推进"四点一带"绿色经济产业带建设，加快整村推进、连片开发步伐，落实扶贫规划到村到户、项目资金到村到户、帮扶干部到村到户，启动"金融扶贫富民工程"，巩固扶贫成果，提高扶贫工作的精准度，实现"两不愁三保障"脱贫目标，为全面建成小康社会奠定坚实基础。

2015年通辽市为达到率先实现精准脱贫、率先实现农牧业现代化这一目标，推出了"1243"扶贫攻坚工程新举措。即以自治区领导包联为龙头，突出一个核心统领，巩固两个增收渠道，实施四种驱动方式，完善三项保障机制，加强组织领导，强化工作机制，聚焦短板，集中发力，推动扶贫攻坚工程扎实有效开展。

扎实推进《通辽市2015年扶贫开发行动计划》，不断改革创新扶贫工作机制，改进扶贫工作方法，践行党的群众路线，加快推进"金融扶贫富民工程"，努力解决金融服务"最后一公里"问题。全力推进"三到村三到户"项目,实现"金融扶贫富民工程"与"三到村三到户"精准扶贫项目同规划、同安排、同部署,做到规划跟着贫困村、贫困户走,项目跟着规划走,干部跟着项目走,实现扶贫规划、扶贫项目、扶贫干部与扶贫对象无缝对接,确保广大贫困户真正受益。

集中资金,整村推进,实现嘎查村整体脱贫。为确保"金融扶贫富民工程"项目资金真正落到实处,通辽市充分发挥财政资金撬动金融资金的作用,集中优势资金进行整村推进,严防"撒胡椒面",确保扶持一个村脱贫一个村,扶持一户脱贫一户,加快"四点一带"绿色经济产业带发展进程。金融扶持有力地推动了"扶贫龙头企业(农牧民合作组织)+农户+基地"发展模式,绿色种养、有机种养、无污染种养等优势特色产业得到了又好又快发展,"四点一带"绿色经济产业带已初步形成。通过扶贫龙头企业拉动、大户带动,增加了农牧民产业收入。通过多措并举,有效破解了贫困户贷款难,弥补了"三到村三到户"专项扶贫资金不足、项目实施存在一定困难的问题,确保嘎查村扶贫项目顺利实施,贫困户稳定脱贫致富。

2016年年初,通辽市制定了《通辽市建档立卡贫困户动态管理工作方案》,先后开展三次建档立卡"回头看"。按照内蒙古自治区扶贫办贫困人口识别"六不准"原则,各旗县根据本地实际制定"九不准""十不准"等具体措施,采取"532"工作法,把符合条件的贫困户识别出来,录入贫困户建档立卡信息系统。选派市级、县处级领导和科级及以下干部10241人驻村扶贫,解决"谁来扶"问题。

落实主体功能区规划,创新生态资金使用方式,利用生态补偿和生态保护工程资金,生态补偿脱贫政策得到全面落实。开展全市建档立卡贫困家庭子女在读情况排查,扶贫部门与教育、民政等部门协作,市、旗县、苏木镇、嘎查村四级联动,分类落实帮扶措施。深入开展资产收益扶贫,采取"银行提供金融贷款＋贫困户入股＋企业分红"方式，扶持没有劳动能力、缺乏经营能力的贫困户实现脱贫。制定《关于做好医疗补充保险助推脱贫攻坚的指导意见》，充分发挥保险业在风险管理、经济补偿等方面的独特优势，统筹旗县市区财政扶贫项目资金支持建档立卡贫困人口购买商业医疗补充保险，使贫困人口住院医疗费用综合报销比例提高30%以上，降低贫困人口就医费用支出，有效地解决全市贫困人口因病致贫、因病返贫问题。建立完善家庭病床服务工作。完善新型农村合作医疗家庭病床的管理，制定印发《新型农村合作医疗家庭病床管理办法（暂行)》，确定新农合家庭病床的服务机构，方便残疾人、老年人、行动不便人员、特困人口等特殊人群就医。

2017年通辽市深入实施脱贫攻坚提质工程，以精准扶贫、精准脱贫为出发点，以提质增效、塑造典型为重点，加快产业培育和机制建设，实现贫困人口高标准、高质量、持续稳定脱贫。

进一步加大产业扶持力度，大力推进产业扶贫，坚持"稳羊增牛扩猪禽"发展战略，以母牛扩繁"万千百十"示范工程为重点，推进肉牛规模化、标准化养殖，实施肉牛种子工程，引进和培育优质肉牛品种，加快品种改良，引领贫困地区畜牧业转型升级，加快贫困地区节水农业设施建设，重点推动贫困地区粮食作物提质增产；发展沙果、锦绣海棠等小型苹果以及葡萄、山杏、榛子等沙地林果产业基地和果品深加工产业，进一步扶持嘎查村设立庭院种养殖合作社统一经营管理，强化与农牧企业合作，开展订单收购，增加贫困户收入；扶持有条件的嘎查村发展电商产业，强化与电商平台合作，推动电商平台嘎查村村级电商服务网点设立，加快农产品物流链条向贫困嘎查村延伸；根据《内蒙古自治区政府关于实施光伏发电扶贫工作的意见》要求，应用集中式光伏电站发展光伏产业。

全面推进"三到村三到户"项目，整合投入4.2亿元，扶持"三到"项目村发展肉牛、肉驴养殖等产业，强化棚舍、窖池等基础设施建设，改善贫困户生产条件，确保贫困户稳定增收。不断完善"一村一策、一户一法"精准扶贫措施，巩固扶贫成果，确保283个"三到"项目村全部退出（2016年已退出152个）。围绕嘎查村实际及贫困户资金需求，加强与金融部门合作，将部分"三到"项目资金作为金融担保补偿金，按比例放大资金规模。

大力推进金融扶贫工程，努力实现有意愿贷款的建档立卡贫困户金融贷款全覆盖，全面实行"两免一直一优先"放贷政策，力争投入各类金融扶贫贷款28.4亿元，与中国农业发展银行、国家开发银行和浦发银行合作，筹建通辽民族扶贫投资发展基金、扶贫产业发展基金，计划融资100亿元，支持贫困地区基础设施建设、基本公共服务、规模化生产和贫困户脱贫产业。积极支持和培育贫困地区企业上市，开辟贫困地区企业上市"绿色通道"，助推科左后旗科尔沁牛业、康臣药业和开鲁县美泽风电等企业通过"绿色通道"实现上市，加快传统产业升级，拓展发展空间，为贫困群众增收创造发展机遇。

构建厅级领导包旗、县，处级领导、市直单位包乡镇、嘎查村，各级干部包联贫困户的三级包联体系，选派后备干部任嘎查村第一书记，选派企业家任名誉村主任驻村帮扶，选派高校毕业生到贫困嘎查村工作。后备干部、企业家要积极协调行业部门，统筹各类资源，解决实际困难，确保问题不解决，干部、企业家不撤离，推动四个国贫旗县与国家机关定点帮扶机制不断深化，在帮扶措施落实、人才培养、科技交流等方面加深合作，巩固扶贫成效。根据《通辽市关于建立贫困退出机制的实施意见》要求，严格执行贫困退出标准，规范工作流程，切实做到程序公开、数据准确、档案完整、结果公正。对贫困户实行逐户销号、动态管理，做到政策到户、脱贫到人、有进有出。对拟退出的贫困人口年人均可支配收入稳定超过国家贫困标准且已实现"两不愁三保障"脱贫目标的，从建档立卡系统中销号退出，并逐村、逐户、逐人完善精准扶持档案，表卡成册，统一管理。对因病因学等易返贫人口，有针对性地落实继续保障措施，切实做到稳定脱贫。①

2018年通辽市结合自身实际，开展"村（嘎查）企合作"，发挥工商联组织作用、商（协）会带头作用、民营企业主体作用，因人因地，实事求是，精准施策，引导一批企业到贫困村投资兴业，编制科学合理的产业发展规划，带动贫困嘎查村整体发展。

充分发挥民营企业数量多、产业覆盖广、就业岗位多的优势，帮助当地群众就近就地稳定就业。引导一批民营教育机构、技术型企业开展智力扶贫，为贫困群众"造血增能"，增强内生动力和可持续发展能力。鼓励有能力的企业援建基础设施，开展捐赠扶贫，使贫困群众切实感受到党和政府的温暖以及社会各界的关心。创新帮扶举措，引导一批新兴企业利用自身特点，走出一条具有创新性、示范性、持续性的精准扶贫新路子。对全区建档立卡贫困人口中重度一二级残疾人员与全区低保对象进行核对，要求各地民政部门按规定组织工作人员逐一入户核实，对于符合农村牧区低保条件的家庭，按规定程序将其整户纳入农村牧区低保范围；对于不符合农村牧区低保条件的生活困难、靠家庭供养且无法单独立户的成年无业建档立卡重度残疾人，经个人申请，按单人户纳入农村牧区低保范围。

2019年是脱贫攻坚决胜之年，为保障实现全市贫困旗县摘帽目标和巩固脱贫成效、防止返贫和新致贫、防控各类风险、

① 通辽市政府网：《通辽市2017年推进脱贫攻坚提质工程行动计划》，2018年12月20日，http://www.tongliao.gov.cn/tl/fpjh/2018-12/20/content_979fac87372e40e092614f6c0afb2fe5.shtml。

健全长效机制等各项工作任务，通辽市紧紧盯住"精准、可持续、激发群众内生动力和提升自我发展能力"三个关键环节，聚焦"两不愁三保障"，突出抓好产业扶贫、兜底保障和内生动力三项重点工作，确保实现现行标准下2.78万建档立卡贫困人口稳定脱贫、123个贫困嘎查村出列；确保科左中旗、奈曼旗、库伦旗3个国贫旗县顺利摘帽，确保年内通辽市脱贫攻坚工作进入自治区先进行列。

制定出台全市产业扶贫专项行动计划，完善并落实产业扶持政策。同时进一步构建紧密型户企利益联结机制，引进和培育壮大农牧业龙头企业，鼓励龙头企业以订单合同型、流转聘用型、服务协作型、股份合作型、资产收益型等利益联结模式，吸纳建档立卡户参与产业化经营。巩固和创新利益联结类型和模式，选树典型、总结推广先进经验。通过项目资金整合一块、财政资金扶持一块，加大资金支持，积极探索资源开发、资产盘活、产业带动、服务创收等嘎查村集体经济发展有效模式，引导嘎查村集体经济进入产业链。突出肉牛产业、绿色生态农牧业等特色产业，大力实施"主导产业拉动、扶贫项目推动、扶贫协作互动、金融资本撬动、龙头企业联动、基层组织带动"的产业扶贫模式，壮大主导产业，带动更多贫困农牧民进入产业链。

推进建档立卡贫困家庭普通高校毕业生就业兜底保障。建立动态数据库，及时掌握贫困家庭高校毕业生就业情况；推进建档立卡贫困残疾人兜底保障。采取多种措施，年内实现所有建档立卡贫困残疾人的扶持政策兜底保障、临时救助兜底保障、就业培训兜底保障、医疗康复兜底保障；推进建档立卡无劳动能力贫困人口的集中供养；实施教育扶贫保障工程，强化控辍保学，保证适龄儿童顺利完成九年义务教育，大力开展职业教育培训，保障建档立卡贫困家庭子女优先录取；继续落实自治区建档立卡贫困家庭子女和城乡低保家庭子女普通高校入学新生资助政策，继续落实通辽市建档立卡贫困家庭在校生就学补助政策；实施生态保护扶贫工程，加大对贫困地区林业和草原生态建设保护工程项目资金投入力度，加强生态建设保护工作；在有条件的贫困地区，积极扶持贫困户发展林果产业，增强贫困人口自我发展能力，鼓励支持贫困地区发展林业专业合作组织；积极吸纳贫困人口参与林业和草原建设保护工程，增加贫困人口经济收入，加快实施光伏扶贫工程；大力促进贫困地区休闲农业和乡村旅游提质升级，加大基础设施建设力度，培育一批旅游扶贫示范项目，进一步发挥旅游产品对贫困户的带动作用。

大力开展移风易俗活动，重点约束高额彩礼、薄养厚葬等不良行为；年内实现有贫困嘎查村的苏木乡镇（场）"爱心超市"全覆盖，完善对"爱心超市"运营管理，拓宽激发贫困群众内生动力方式，引导贫困户从"要我脱贫"向"我要脱贫"转变；深入开展"十进村"活动，把精准扶贫、精准脱贫的好政策、好声音、好故事传播到农村牧区、千家万户。鼓励贫困嘎查村建设"农民夜校"，围绕法律知识、种养殖技术和基层党组织建设等与贫困群众密切相关的知识进行专题授课，实现贫困群众授课全覆盖；将激发贫困群众内生动力与人居环境整治行动结合起来，重点抓好厕所革命、垃圾污水治理，开展村庄清洁行动，通过环境整治树立生活信心；组织开展扶贫成效展，总结梳理"五个一批"政策落实、精神扶贫、驻村帮扶、贫困户脱贫等典型事例，全面展示通辽市脱贫攻坚成就，营造脱贫攻坚良好社会氛围。同时，将推进脱贫攻坚专项巡视反馈问题整改与2018年度全区扶贫成效考核反馈问题整改紧密衔接，分阶段、分步骤统筹推动，高效率高质量地完成整改工作。

精准扶贫政策是中国当前时期扶贫开发的重大战略政策，是国家当前和今后一个时期内治理贫困问题的战略重点。通辽市按照中央和内蒙古自治区的政策指引，通过全面实施和推进特色产业扶持、教育培训、电商扶贫、扶贫生态移民等扶贫措施助力精准扶贫。

二 通辽市发展特色产业
助力精准扶贫

近年来，内蒙古自治区通辽市充分利用草原地区适合推广规模化草业养殖的特点，深度挖掘历史文化传统，发挥三省交界区位优势，紧密结合全国产业布局调整和推进高质量发展的历史机遇，大力引进龙头企业，着力完善三产融合，超前谋划精准扶贫与乡村振兴有效衔接，通过产业扶贫实践，创建了多种符合贫困地区实际情况的特色产业扶贫模式，培育了独具特色的市级龙头企业，大力发展肉牛、肉羊等扶贫主导产业；成立了新型农牧民合作组织——玛拉沁艾力（牧民之家）养牛专业合作社；积极推进1000千瓦村级光伏电站项目、推广蒙医药产业模式，打造乡镇产业园区、嘎查村合作社、户级家庭生态园产业四级扶贫产业体系，把所有贫困户深度嵌入种植、养殖、光伏、电商、家庭手工等九大产业之中，帮助贫困户实现户户有产业，脱贫有支撑，收入可持续，走出一条从扶贫切入，从特色产业走出的扶贫之路。

（一）通辽市发展黄牛产业助力精准扶贫

世界肉牛有中国，中国肉牛看通辽，通辽肉牛产业经过多年的发展，在国内率先实现"试管牛"工厂化批量生产，科尔沁牛业被列入国家特色农产品优势产业区，活牛交易实现电子交易、快手交易、市场交易多元化发展，全国首创肉牛保险贷。几十年来，通辽市一直在品种改良、科学养殖、全产业链经营方面下苦功，促进当地黄牛改良，实现规模化标准化养殖，带动饲草、屠宰、加工、销售等相关领域的发展，助力农业增效、农民增收。

1. 通辽市黄牛产业现状

近年来，通辽市把黄牛产业作为农业增效、农民增收、农户脱贫致富的主导产业来抓，不断完善全产业链格局、优化市场交易环境、创新黄牛产业发展路径，黄牛产业已成为拉动畜牧业经济发展和促进农牧民增收的重要引擎。

（1）养殖规模逐步扩大

为发挥肉牛产业优势，把肉牛产业作为农牧民增收致富的主要产业来抓，通辽市委、市政府 2013 年下发《通辽市 2013 年肉牛产业发展行动计划》和《通辽市 1 万户基础母牛繁育重点工程实施意见》，市县两级成立由政府分管领导任组长的工程推进组，细化分解落实工程任务指标，通过财政、贷款以及整合项目等为工程提供资金支持。2018 年，全市牧业年度牛存栏达到 338 万头，繁殖母牛 162 万头，年出栏肉牛 115 万头，牛肉产量 22 万吨，农牧民人均肉牛养殖纯收入为 2300 元。

2018 年，通辽市制定了《通辽市肉牛产业发展规划（2018—2020 年）》，全面实施"增草增牛"、建设"中国牛都"的发展战略，扶持壮大龙头企业，提高肉牛深加工比重和深加工水平，增强龙头企业的整体实力和产业带动能力，完善以肉牛为重点的质量安全全程可追溯体系，打响科尔沁绿色农畜产品品牌。

2019 年，通辽市以建设"中国草原肉牛之都"为抓手，依托现有完整的肉牛全产业链条体系，积极打造千亿级肉牛产业，牛存栏已达 219 万头，出栏肉牛 43 万头，肉牛交易量达 64.94

万头，屠宰加工肉牛 6 万头。在发展模式上，通辽市坚持为养而种，创新经营发展模式，建设以"专业大户、家庭农场、农民合作社、产业化龙头企业"为骨干、其他组织形式为补充的新型农牧业经营体系，抓好全产业链发展绿色源头，推进肉牛产业规模化，以基础母牛扩繁"万千百十"示范工程为抓手，加快建设百万头肉牛基地，建成标准化养殖场 22 家。加强"科尔沁肉牛标准"的推广应用，通辽市在农区重点发展"龙头企业＋合作社＋养殖大户"模式，坚持质量优先，提升肉牛良种繁育推广水平，牧区重点发展"牧区繁育、农区育肥"模式，力争规模化养殖比重达到 50% 以上。

（2）拥有自己的市场品牌

通辽市委、市政府一直以来都大力扶持肉牛产业，打造本地自己的品牌产业，如科尔沁牛业、余粮畜业、奥丰等。2005年 12 月"科尔沁·KERCHIN"及图商标被国家工商总局（现国家市场监督管理总局）认定为中国驰名商标，科尔沁牛业还获得了俄罗斯、马来西亚以及中东地区伊斯兰国家的出口权，该公司也被批准为国家指定向香港及澳门提供活牛的企业。[①]2014 年《科尔沁肉牛标准体系》通过审定，标准体系覆盖肉牛全产业链。2015 年《科尔沁肉牛标准体系》正式实施，通辽市肉牛质量安全追溯系统建立，"科尔沁牛"被列为中国农产品地理标志产品，并获全国百强区域公用品牌。在 2018 年内蒙古自治区农畜产品区域公用品牌价值评选中，"科尔沁牛"获得全区养殖业品牌价值第一名，成为通辽市的"金名片"。

通辽市智慧畜牧产业数字化项目致力于运用物联网、大数据、云计算、区块链等先进技术，通过建立肉牛产业数字化档案，未来将实现每一头肉牛都"有户口"、可追溯；针对畜牧产

---

① 秀艳：《通辽市肉牛产业发展研究》，《现代商业》2017 年第 6 期。

业尤其是肉牛全产业链各节点，构建肉牛产业数字化生态，实现从基础养殖到终端消费整体效能的提升。

（3）做大做强全产业链，发展壮大龙头企业

目前通辽市肉牛产业已形成了集种业、繁育、屠宰、加工、销售为一体的产业化发展趋势，产业链条逐步完善。依托肉牛产业发展基础，通辽市精心打造集饲草种储、种源建设、母牛扩繁、疫病防治、规模养殖、精深加工、市场交易于一体的肉牛全产业链。

在完善肉牛屠宰加工体系建设中，通辽市重点扶持壮大科尔沁牛业、谷润肉业、伊赛集团等现有龙头企业，通过龙头企业的综合带动作用，围绕建设"中国草原肉牛之都"，由一头牛"牵"出一条千亿级的肉牛全产业链。

同时通辽市推进成峰牲畜交易市场、科左后旗科尔沁黄牛交易市场、开鲁雨田农畜交易市场等 7 个较大的牲畜交易市场改造升级，加强经纪人队伍建设，力争肉牛年交易量稳定在 180 万头，交易额达到 140 亿元。面向辽宁省及各大省市，重点引进高档肉牛养殖和深加工企业，对牛骨、牛血、牛蹄、牛角以及牛心脏瓣膜等进行全面开发利用，延长产业链条，提高牛肉加工产品附加值。目前通辽市已有黄牛产业重点龙头企业 3 家，建成年交易 40 万头以上的黄牛交易市场 2 个，推出"我在草原有头牛"定制牧业项目，年交易黄牛达 60 万头。

（4）不断创新的技术优势

通辽市从 20 世纪 50 年代开始培育改良本地牛工作，培育成功了优良品种科尔沁牛，拥有一个完整的西门塔尔牛繁育体系。通辽市家畜繁育指导站是首批国家重点种公牛站之一，通辽市拥有 2419 个冷配站，年产优质良种牛冷冻精液 200 万支以上，产品除满足通辽市黄牛冷配需求外，还销往吉林、辽宁等全国 20 多个省区。2006 年，与北京奶牛中心合作成立了通辽京缘种牛繁育有限责任公司，建成全国最大的西门塔尔牛冷冻精液生产基地。① 自 2012 年起，通辽市家畜繁育指导站与通辽京缘种牛繁育有限责任公司联合，在部分嘎查村开展了"提高牛繁殖成活率冬季补饲科技示范项目"并且已取得显著效果。

在全球化的经济浪潮中，通辽市肉牛企业广泛寻求合作伙伴，加快推进海外联合育种工作，国际合作取得了实质性突破。中国（通辽）——澳大利亚肉牛海外联合育种项目，在澳、美、欧等国家和地区选址建设引种育种机构，交流繁殖、选种和选配经验，畅通国内外种业发展信息互通渠道，培育引进符合国内需求的种群及个体，为中国肉牛产业发展插上了腾飞的翅膀。并成立通辽国际肉牛产业技术研究与服务中心，这是目前国内第一个具有国际水平、国际资源和国际视野的专业机构，以服务通辽为中心，辐射带动全国的肉牛养殖专业化技术研究和服务机构。②

2. 通辽市打造特色养牛扶贫模式

通辽市是全国重要的肉牛生产基地，肉牛种业属于全国一流、世界领先。通辽市以母牛扩繁"万千百十"示范工程为重点，统筹牛产业扶贫布局，因户因需施策，形成了"金融贷款自养＋合作社养殖＋资产收益托管代养"三位一体的黄牛产业扶贫模式。

（1）"金融贷款自养＋合作社养殖＋资产收益托管代养"模式——以科左后旗为例

科左后旗位于内蒙古自治区通辽市东南部，曾是国家级贫困旗。近年来，当地政府结合实际情况和本土特色，将黄牛产

---

① 秀艳：《通辽市肉牛产业发展研究》，《现代商业》2017 年第 6 期。

② 《通辽日报》数字报：《发展现代畜牧业　建设中国草原肉牛之都》，2019 年 9 月 22 日，http：//epaper. tongliaowang. com/html/2019 - 09/22/content_ 240869. htm。

业作为群众脱贫增收的主导产业，并注重草畜平衡、农牧结合、可持续发展，目前，全旗黄牛饲养量达到 88 万头，贫困户（含已脱贫户）养牛 6.86 万头，人均 2 头牛；全旗已脱贫户中有80% 以上通过养牛脱贫，养牛户已超过 6.3 万户。黄牛产业已经成为拉动该旗畜牧业经济发展和促进农牧民增收的重要引擎，2018 年，科左后旗被列入全国首批养殖大县名录。

科左后旗为了确保贫困群众家家有牛养，将贫困户分为"能贷能养、能贷不能养、不能贷能养、不能贷不能养"四类，分类制定针对性措施，实现了有劳动能力的家家有牛养，无劳动能力的户户有分红。对能贷能养的贫困户，全部给予贷款支持，鼓励群众自繁自育自养，形成"小规模大群体"；对能贷不能养的贫困户，利用贷款购牛，通过合作社合养、大户托养、亲友代养等方式养牛；对不能贷能养的贫困户，使用扶贫项目资金统一购牛，交给贫困户饲养；对不能贷不能养的贫困户，由镇村帮助协调项目资金，贫困户与企业、合作社、养殖大户签订协议，进行资金托管，享受利润分成。该旗将托管分为两种形式：一种是资金托管。镇村协调贫困户用贷款或项目资金直接托管企业、合作社和养殖大户，签订协议后，按协议要求分红。另一种是资产托管托养。贫困户将资金交给合作社和养殖大户，由其购买牛、羊、马或者贫困户自己购买牛、羊、马，交给合作社和养殖大户托养，并按协议分红。贫困户以金融贷款入股，每年分红 5000 元，期限为 3 年，贷款由合作社偿还，3年后，尊重贫困户意愿，可将红利折合等价基础母牛继续在合作社托管代养，实现收入持续稳定增长。

科左后旗为了确保贫困群众有钱养牛，创新金融产品，推出"肉牛贷""繁育贷""惠农 E 贷"等，将非标准化、不能确权抵押的肉牛活体资产转变为标准化、可确权抵押的金融性资产，开创了"政银保企"多方合作新模式，逐步形成了"政府＋金融机构＋龙头企业＋贫困户＋科技"五位一体的金融扶贫模式，努力破解贫困户发展中遇到的观念、资金、技术、销售渠道等方面的难题。相关金融机构通过开展"金融扶贫富民工程"，发放"扶贫再贷款"，采取担保、联保、互保等多种增信措施，创新研发"惠农一卡通"质押贷款、产业链贷款、融通仓贷款、草原肥牛贷等多种信贷产品，解决贫困户贷款难问题，使有劳动能力、有贷款意愿、有还款能力的建档立卡贫困户能贷到3万—5万元信用贷款，最大限度满足企业和农户的资金需要。同时，协调金融机构对贫困户实施"三优五不一增一减"、延长贷款周期、无还本续贷等多项优惠政策。2017年、2018年，科左后旗农村信用合作联社连续获得"中国精准扶贫十佳县域银行"称号。

在做好金融支撑的同时，科左后旗培育了产业指导员和畜牧技术服务员1055名，指导贫困群众转变生产方式，实行种养结合，全旗种植青贮玉米120万亩/年以上。完善配套服务，建立健全旗镇村三级服务网络，降低养殖风险，提高养殖效益。建立黄牛改良站、防疫站各22个，村级冷配点960个，全旗黄牛冷配率达到100%，母牛繁殖率提高到90%以上，重大动物疫病防疫密度实现100%。鼓励贫困户为基础母牛办理养殖保险，损失一头牛可获赔8000—10800元，解除贫困户的后顾之忧，引进牛肉及牛副产品深加工企业4家，成立养牛专业合作社536个。①

另外，科左后旗围绕"户脱贫、村出列、旗摘帽"目标，突出发展黄牛产业，并充分发挥龙头企业、合作社的带动作用，强化与贫困户利益联结。内蒙古科尔沁牛业股份有限公司在实现自我发展、有效带动农牧民发展黄牛产业的同时，积极参与

---

① 内蒙古新闻网：《科左后旗牵住"牛鼻子"走出产业扶贫新路子》，2019年9月22日，http：//inews. nmgnews. com. cn/system/2019/12/11/012817958. shtml。

脱贫攻坚，建设了科左后旗金融扶贫黄牛托管养殖场，自 2017 年以来为 1283 户贫困户协调贷款 5495.2 万元，托管养殖黄牛 5100 头，每户每年分红 4000 元。同时，成立了科尔沁牛业技术培训学校，为贫困户定期开展技术培训，提供跟踪指导，带动养殖户科学养牛。

近年来，科左后旗把黄牛产业和生态建设作为贫困群众持续稳定增收的根本性举措来抓，按照"资金跟着贫困户走、贫困户跟着产业走、产业跟着市场走"的工作思路，根据每家每户的实际情况，集中会诊，对症施策，积极推动有劳动能力的贫困户产业发展全覆盖。5 年来，全旗累计减贫共 11688 户、30353 人，贫困综合发生率由 2014 年的 11% 降至 2019 年的 1.21%。

（2）成立养牛专业合作社——以玛拉沁艾力（牧民之家）合作社为例

东萨拉嘎查村是内蒙古自治区通辽市扎鲁特旗巴彦塔拉苏木的一个以畜牧养殖为主、农牧结合的民族村，全村总土地面积为 11.4 万亩，总户数为 234 户，总人口为 1072 人。全嘎查村共有建档立卡贫困户 37 户、113 人。2013 年 8 月通辽市扎鲁特旗巴彦塔拉苏木东萨拉嘎查村党支部书记兼村民委员会主任吴云波，带领几位积极响应号召的支部委员和党员，成立了新型农牧民合作组织——玛拉沁艾力（牧民之家）养牛专业合作社（以下简称合作社）。合作社于 2014 年 1 月 9 日注册，初步启动资金为 550 万元。合作社依靠全产业链发展模式，与精准扶贫工作相结合，增强贫困人口的自我发展能力，以贫困类型、贫困人口数量、农牧民人均收入等为依据，采取产业扶贫、委托帮扶、直接帮扶、劳动力就业扶贫、股份合作帮扶等多项举措帮助村民脱贫。合作社成立后，以脱贫攻坚为切入点，引导和鼓励本村及周边嘎查村牧户以草牧场、牲畜、资金等方式入股联户合作，实现了由小户分散经营向合作化规模集中经营转变，提升了产业效益，改善了牧区生态环境。

养牛合作社成立以前，全嘎查村农牧民以饲养母牛、自繁自育为主要生计，饲养管理方式落后，优质饲草饲料不足，饲料搭配不科学，圈舍建设改造滞后，牧区动物防疫基础设施不健全，牲畜防疫难度大，牧民遭受的风险大、损失高；产、供、销、加工发展落后，牧民只能进行活牛交易，肉牛多以活畜外销、活牛宰杀上市，产业链短，产品附加值低，分散的养殖户处于价值链的最底端。经过多年的探索，合作社发展出"种饲草+养牛+屠宰加工+销售"为一体的全产业链模式，建立并创新合作社与农牧民的利益联结机制，坚持为农牧民提供各环节的服务保障，将农牧民联结成一个非常紧密的利益共同体。农牧民可获得初始入股分红、合作社就业工资等收入，形成了"办一个合作社、带动一个产业、兴一方经济、富一方百姓"的发展态势，实现了由农牧民变股民、进企业当工人的重大转变，直接带动周边5个苏木、31个嘎查村1500户农牧民增收致富。2018年年底，合作社总资产达到4300万元，实现分红5次、累计620万元，全嘎查村人均收入达到1.58万元。

"种饲草+养牛+屠宰加工+销售"为一体的全产业链模式，将行业利润牢牢锁定在合作社内，为带动牧民增收致富奠定了坚实的基础。合作社建立了天然牧场，推动肥料、饲草、种植等育肥全环节生态有机化，保证产出绿色、健康、营养、安全的好牛肉。为此，合作社加强饲草种植全程管理，统一采购、统一供种供肥、统一技术指导、统一种植、统一验收、统一收割、集中统一运输，为成员提供全程技术辅导培训，要求成员必须用山地草原纯天然无污染牧草和自家种植的青饲草、苜蓿草、玉米搭配，为肉牛提供高品质的营养来源。在天然牧场、3000亩人工种植优质苜蓿草、4000亩青饲料种植和4800平方米高标准牛舍的硬件支撑下，牛犊经过哺乳期、健胃期、成长期和稳固调理期，18个月左右就能长到约1300斤。统一收购合作社成员养殖的肉牛，将出栏的牛集中宰杀排酸、分割灭菌、打包寄出，并提供免费加工熟食服务。为了开拓市场，扩大销售网络，合作社统一生产加工、统一商标品牌、统一包装销售。线上订购、线下消费是目前合作社的主要销售模式，合作社现有 6 家直营店，多家加盟店，分布在呼和浩特、烟台、宁波、长春、北京等。

合作社始终坚持立足传统产业，把做优"养殖"环节作为脱贫攻坚的切入点。注重合作经营，与精准扶贫工作相结合，引导和鼓励本村及周边嘎查村牧户、贫困户就近以草牧场、牲畜、资金等方式入股联户合作，2016—2017 年将扶贫专项资金90 万元分摊到 37 户精准扶贫户，每户 2 头牛入股合作社，合作社每年扣除饲养费用后分给每户 2 头牛犊，实现了由小户分散经营向合作化规模经营转变。引导农牧民转变思想观念，以基础母畜冬季补饲、出栏仔畜舍饲育肥为方向，推广科学养殖和育肥技术，优化畜群结构。采取统一集中育肥的饲养方式，制定和完善适应本地的饲养标准、流程、技术，实现由粗放饲养向科学饲养转变。注重全产业发展，合作社以产业链延伸、产业范围拓展和产业功能转型，探索建立以电子商务促进农村牧区发展与精准扶贫的体制机制，加大品牌影响力，以农牧业为基础重点向农畜产品加工业发展。①

合作社整合扶贫资金、集体资产打造的"基地、养殖、产品加工、销售"为闭环的全产业链，建立"党支部 + 合作社 + 基地 + 贫困户"的堡垒型利益联结扶贫模式，走出一条支部建在产业链上的抱团脱贫路。几年来，合作社始终秉承"让牧民成股民、让股民成工人"的理念，着力建设以特色农畜产品生

---

① 白敖敏：《最穷村"变身"小康村：内蒙古扎鲁特旗一个合作社带富一方百姓》，2019 年 7 月 11 日，https：//sa. sogou. com/sgsearch/sgs_tc_ news. php？ req = bSKvBv6n – iYS1 uxeP6A1 Ym6kCez1 ArM6ELTDCBiJvyv Ay0QK886Zrn40IZGwC_ tW&user_ type = wappage。

产加工输出基地为重点的产业链，促进和带动农牧民脱贫致富，全嘎查村234户中有207户以现金、耕地和牛入股，实行自愿入股和退股的"股份制合作社"，入股率达到88.5%以上。按贫困户分红比例的不同，入股类型分为5种。第一种：自2017年起，合作社帮扶贫困户132户，其中本嘎查村77户利用"三到村三到户"扶贫专项资金入股合作社，苏木其他嘎查村55户贫困户利用本级财政扶贫贷款入股合作社。合作社连续5年按入股资金的15%分红给贫困户（5年后退还本金，如贫困户有续签意向可续签），每年分红55.6万元，使贫困户定期稳定脱贫。第二种：41户贫困户以"三到村三到户"扶贫专项资金（每户8415元）入股，共入股345015元。合作社连续5年每年以入股资金12%定期（一整年）保底浮动分红1009元。第三种：37户无劳动能力贫困户以"三到村三到户"扶贫专项资金（每户2头母牛）连续5年入股合作社，每年每户分1头牛犊。第四种：25户贫困牧户连续3年贷款入股合作社，合作社给贷款入股10万元以上的养殖贷款户每年分红1头牛犊，贷款10万元以下的养殖贷款户两年分红1头牛犊，同时每年承担贷款户的农村医疗保险和房屋财产保险，贷款到期偿还。第五种：14户无劳动能力贫困户以扶贫贷款入股，合作社每年以入股资金的12%保底分红，同时承担贷款到期偿还，合作社还为其提供5万元贷款担保。①

由嘎查村党支部牵头，合作社采取"党支部＋合作社＋基地＋贫困户"的帮扶模式，一是合作社组织带动，凝聚合力为脱贫攻坚提供良好基础，通过培训参加技术岗位，直接接收农牧民就业，吸纳本地大学生12人。二是基地带动。合作社建立

---

① 内蒙古扶贫开发宣传平台：《2019年全国农民合作社典型案例之一：内蒙古扎鲁特旗玛拉沁艾力养牛专业合作社》，2019年9月2日，https：//www. sohu. com/a/338278358_ 120214179。

规模化养殖基地，为牧民提供技术培训，示范带动贫困户养牛；同时，合作社为有劳动能力的贫困户提供就业岗位和金融担保，鼓励贫困户自主发展养牛产业。三是产业帮扶。合作社对无劳动能力的贫困户落实产业扶贫政策，进行兜底帮扶，5 年来，合作社累计资助贫困家庭大学生及入伍青年 31 名，救助孤寡老人 6 人，扶持困难户建房 7 户，累计投入扶持资金达到 16.9 万元。

合作社集约化生产能力不断增强，在发展理念上，由传统数量型向增草、减畜、提质、提效方式转变，并且不断提高资源综合利用率；在草牧场利用上，由无序放养向划区轮牧、草畜平衡方式转变。在生态养殖基础上，合作社大力推广优质肉牛杂交技术，引进人工授精和胚胎移植等改良技术，加速肉牛生产提质增效。合作社严格遵循休牧、轮牧的放牧方式，有效恢复了当地草原植被、改善草原生态、防灾减灾，促进了牧业生产方式的转变，扭转了草原退化的状况。在生产物质装备上，合作社由使用单一陈旧设备向依托现代装备和电子信息技术转变。打破粗放型养殖模式的弊端，引导牧民走生态型养殖道路，实行集中管理和分散经营有机结合，把控育肥全环节，统一原料生产和供应、统一产品加工和销售，形成"种、养、加、销"为一体的生态型养殖模式。

自 2015 年以来，合作社不断发展壮大，示范创立地方优势畜牧业品牌，形成了"种饲草 + 养牛 + 屠宰加工 + 销售"全产业链的发展模式，打造从种植、养殖到屠宰加工、餐饮销售为一体的全产业链格局。在鲁北镇陆续创办了玛拉沁艾力餐饮有限公司和玛拉沁艾力牛排西餐店，实现了养殖育肥、屠宰、加工、分销及物流、品牌推广、食品销售等环节一体化，实现食品可追溯，形成了安全、营养、健康的牛肉全产业链。此外，合作社还在互联网上推出了"我在玛拉沁艾力有一头牛"的认养活动，打造了"既卖产品又卖体验"的新型产业模式。另外，开拓市场搭建"互联网 +"网络电商平台。经过 5 年的发展，合作社成功打造了从牧场到餐桌的完整产业链，既实现了全程食品安全管控，又促进了当地生态环境改善，也带动了整个噶查村脱贫致富。

同时，建立电商平台直销，将市场终端、冷藏存储、生产加工联结起来，实现了从养殖到销售终端、从牧场到餐桌的完整产业链布局，有效地提高了育肥牛产品附加值，一头牛由深加工前的平均1.5万元增加到2.4万元。合作社按照扎鲁特旗打造"扎鲁特放心牛羊肉"品牌工程的要求，全力加大产品研发、品牌建设和推广，着力提升品牌知名度和影响力，大力发展"博览"经济，构建电商平台、直销中心和零售体验店一体化的农畜产品宣传、展示、销售平台，提升扎鲁特农畜产品的知名度、影响力和美誉度，实现了由无品牌意识向建立可追溯体系，打造优质、安全绿色畜产品转变，牧民劳动强度不断降低，收入持续增长。合作社在2016年成立了扎鲁特旗玛拉沁艾力食品有限公司，将养殖、加工、销售、配送集合为一体，加工牛肉干、高档冷鲜肉、民族风味奶豆腐、奶皮子等9个系列产品，并注册了"玛拉沁艾力"绿色产品商标。

通辽市以"建设精准脱贫产业链带动创新区"为抓手，全面实施"主导产业拉动、扶贫项目推动、扶贫协作拉动、金融资本撬动、龙头企业联动、基层组织带动"的层次多元、特色鲜明的产业化扶贫模式，打造肉牛、肉羊产业链，让贫困人口进入产业链、增收在产业链。

（二）通辽市发展蒙医药产业助力精准扶贫

蒙医药，是我国四大少数民族医药之一，是蒙古族文化的宝贵财富。通辽市地处内蒙古自治区东部、科尔沁草原腹地，拥有国内最大的蒙药生产基地、最早成立的蒙药厂、全国最大的蒙药贴生产基地、最大蒙药材种植基地，全国50%以上的蒙药成药产自通辽市。如今，通辽市充分挖掘蒙医药经济、科技、文化、生态潜力，将蒙医药事业做大做强，将蒙医药文化发扬光大，打造内蒙古蒙中药材品牌，努力把蒙中医药产业打造成为通辽市的主要支柱产业，带动贫困地区农牧民转型发展和全区农牧民创收致富。

1. 通辽市蒙医药发展概况

通辽市拥有蒙药股份、库伦蒙药、科尔沁药业等蒙药生产企业15家，全市蒙中药材种植面积达到27.7万亩，已形成了以药材种植、精深加工、产品研发、市场销售为一体的产业化体系，被评为"全国基层蒙中医药工作先进市"和"中国蒙医药之都"。

内蒙古自治区成立之后，在党和国家的重视和扶持下，蒙医药事业得到了继承和发扬，目前蒙医药已形成集蒙医医疗、教学、科研为一体的综合体系。1987年，通辽市成立了世界唯一的蒙医学院——内蒙古蒙医学院。2000年，内蒙古民族大学蒙医药学院成立。2012年，内蒙古民族大学蒙医药学院"国家特殊需求蒙药学博士人才培养项目"获国务院学位委员会批准通过，这是全国乃至世界第一个蒙医药学博士点。从2013年开始，通辽市连续三年出台《蒙医药事业发展行动计划》，并先后出台了《关于进一步扶持和促进蒙医药事业发展的实施意见》《关于加快蒙医药发展的实施意见》和《通辽市蒙中医药事业"十三五"发展规划》一系列政策性文件，为蒙医、蒙药产业发展提供了政策支持。从2014年开始，通辽市财政预算每年列支3000万元蒙药发展基金，用于支持蒙药产业发展，并从产业政策、人才培养、蒙医院建设等方面给予扶持和倾斜。①

---

① 魅力科尔沁：《这里是中国蒙医药之都——通辽！》，2019年2月25日，http：//bbs1. people. com. cn/postDetail. do？ id＝171214781。

早在"十二五"时期，通辽市就已成为内蒙古蒙医药学传承和发展的中心，以市级蒙医中医医院为龙头，旗县区蒙医中医医院为骨干，苏木镇卫生院和社区卫生服务中心为基础，嘎查村卫生室和社区卫生服务站为网底的蒙中医药服务网络基本形成。通辽市有蒙医药学院1所，蒙医研究所1家，蒙药制剂室15家，蒙药材种植基地3处以上，蒙医及蒙医综合医院6家，蒙中医综合医院1家，蒙西医结合医院1家，以蒙医为主的卫生院34家。

通辽市立足现有基础和优势，深入挖掘资源潜力，抢抓内蒙古自治区支持战略性新兴产业的政策机遇，围绕建设打造"现代蒙医药全产业链，建设全国蒙医药发展的核心区和示范区"的目标，坚持药食健同源、医康养一体，加快制定蒙医药产业发展规划、行动计划及政策措施，科学发展蒙药材种植产业，积极推进蒙药产业重大项目建设，把蒙中医药产业作为农业供给侧结构性改革的突破点之一，加快转变经济发展方式，集中力量、整合资源，聚集蒙医药人才传承蒙医蒙药文化，大力推进蒙医药标准化，加快制定遵循蒙医理论、符合蒙药特点、被现代医学认同的《内蒙古蒙药材标准》《内蒙古蒙药饮片炮制规范》《蒙药方剂规范》等蒙药临床系列评价标准，提高现代医学对蒙医药学理论的理解与认同，使蒙药的疗效"看得清、说得明、听得懂"。合理布局蒙中医药全产业链建设，在蒙医药文化传承发展、蒙中药材种植示范、药材药品交易市场培育、蒙药养生保健产品研发及现代化生物提取、蒙中医药健康旅游示范区建设等多个层面共同发力，深入融入"一带一路"发展体系，切实加强与蒙古国、俄罗斯等国家的蒙医药交流合作，推动内蒙古民族大学附属医院和科尔沁药业与蒙古国在蒙医药领域建立互信、互利、稳定合作机制。鼓励本土蒙医药企业赴海外开办医院、养生保健机构，有效推进蒙医药国际化服务进程，提升蒙医药国际影响力。

党的十八大以来，通辽市按照党中央提出的"扶持和促进中医药及民族医药事业发展"的要求，将蒙医药产业作为重点培育发展战略性新兴产业推进，全力打造"全国蒙医药产业发展核心区"，启动了"名企、名药、名院、名医"工程，着力推动建造蒙医药产业集群集聚、辐射全国的大型蒙中药材集散地——内蒙古蒙中药材交易中心。

推动蒙医药产业科研创新，建成了全国唯一的蒙药学博士点，吸纳蒙医国医大师2人，蒙医药专业技术人才1357人，每年培养本科以上蒙医药专业毕业生200余人，依托内蒙古蒙药工程研究中心和蒙医蒙药产业技术创新战略联盟，开发了保利尔胶囊、香青兰创新药物制剂、海伦胶囊等一批国家级蒙药新药。健全完善促进蒙医药产业发展的体制机制，组建了通辽市蒙中药产业发展办公室，并每年拨款3000万元作为蒙医药产业发展专项基金，连续举办四届蒙医药产业博览会和民族医药高峰论坛，全力推动蒙医药事业高质量发展。①

2016年，通辽市明确提出要在"十三五"时期基本建成有色金属、清洁能源、玉米生物科技、绿色农畜产品、蒙医蒙药和自驾旅游体验六大基地。为尽快将通辽建成蒙医蒙药基地，通辽市按照打造"北疆生态蒙中药材产业基地"的长远目标，大力推进蒙中药材种植基地建设。2016年12月26日，国家中医药管理局和国家发展和改革委员会联合印发《中医药"一带一路"发展规划（2016—2020年）》，促进含民族医药在内的中医药产业国际化合作，致力于大健康产业发展。该规划提出整合中医药医疗机构、养生保健机构、生产企业等资源，建设以中医药文化传播和体验为主题，融中医医疗、养

---

① 内蒙古日报社融媒体：《内蒙古自治区政府门户网站　自治区政府新闻发布　自治区政府新闻办召开庆祝新中国成立70周年通辽市专场新闻发布会》，2019年9月3日，http：//inews.nmgnews.com.cn/system/2019/09/03/012770521.shtml。

生、康复、养老、文化传播、商务会展、中药材科考与旅游于一体的 10 个中医药健康旅游示范区、100 个示范基地和 1000 个示范项目，2016 年 12 月 30 日，"中国蒙医药之都"命名（授牌）仪式在通辽市举行，通辽市正式被命名为"中国蒙医药之都"。

2017 年通辽市人民政府办公厅印发《通辽市 2017 年蒙医药发展行动计划》，贯彻落实全国、全区卫生与健康大会精神，坚持创新、协调、绿色、开放、共享的发展理念，把做大做强蒙医药作为该市经济社会发展的重大战略，着力推动"医药一体、双轮驱动"，充分发挥"中国蒙医药之都"影响力，巩固全国蒙中医药工作先进市创建成果，着力加强蒙医药服务体系建设，着力提升蒙医药服务水平，着力提高蒙医药创新能力，着力扩大蒙医药健康服务产业规模，推动蒙医药现代化、产业化和国际化进程，蒙医药产业成为全市经济重要增长点，为建成全国蒙医药发展核心区和示范区奠定基础。

2017 年，中共通辽市委员会、通辽市人民政府印发《通辽市关于落实"五个结合"加快转变经济发展方式的实施意见》《通辽市贯彻落实"五个结合"打造全产业链推进重点项目建设实施方案》，提出现代蒙医药产业作为九大产业链之一，坚持药食健同源、医康养一体，"政产学研用媒"多维打造现代蒙医药全产业链，建设全国蒙医药发展的核心区和示范区，提高"中国蒙医药之都"知名度和影响力的工作目标。成立通辽市现代蒙医药产业专项推进组，设立现代蒙医药产业专项推进组办公室，大力推进蒙医药产业发展。

为弘扬蒙医药文化、加快产业转型升级、助力脱贫攻坚的重大战略，通辽市出台《通辽市 2018—2020 年现代蒙医药产业发展行动计划》《通辽市 2018 年现代蒙医药产业发展实施方案》《通辽市推动经济高质量发展若干政策》，坚持药食同源、康养一体，"政产学研用媒"多维打造现代蒙医药全产业链，加快推动蒙医药高质量发展。①

目前，通辽市依托内蒙古民族大学，蒙药学科研水平全国领先。通辽市现有国家民委——教育部蒙医药研发工程重点实验室、内蒙古自治区蒙医药重点实验室和内蒙古自治区工程实验室等省部级重点实验室，全国最大蒙药研发机构——内蒙古蒙医药工程技术研究院。自2015年以来，通辽市承担完成的各级科研项目近200项，包括国家科技支撑项目、973前期专项、新药创制专项、国家自然基金项目、部委课题、自治区课题以及市校合作项目等，研究经费达4000余万元，获得国家专利12项、国家新蒙药证书2个、国家新药临床研究批件5个，鉴定科技成果17项。截至2018年，全市拥有内蒙古民族大学蒙医药学院（3个省部级重点实验室、4个重点学科）、蒙医药学博士点、内蒙古蒙医药工程技术研究院等10家科研机构，7个医药工程研究中心、工程实验室和企业技术中心，已研发蒙药品种240多个，获得国家药品批准文号104个，获得新药批准证书16个，蒙医药产、学、研、用产业链基本形成。通辽市研发的国家首例三类新蒙药"冠心舒通胶囊"荣获内蒙古自治区科学技术进步二等奖。2018年，康美、瑞康、辅仁等知名蒙医药药企进驻打造康养结合体，康美通辽医院、瑞康蒙医正骨医院、蒙药材商城开工建设，蒙药材种植面积达30万亩，完成了蒙古黄芪、防风、甘草、黄芩、苦参5种特色蒙药材种植栽培研究工作，提升了14种蒙药材及其制剂的质量标准，阐明了12种常用蒙药及其制剂的有效物质及药理研究，研发了7种蒙药新药及保健品。其中，海伦胶囊等2个蒙药新药获得临床批件，奶制手参粉获得蒙药饮片生产许可证，五味甘露浴等5个蒙药浴包获得消字号生产许可证。

――――――――――

① 魅力科尔沁：《这里是中国蒙医药之都——通辽！》，2019年2月25日，https://www.sohu.com/a/297496092_99958219。

通辽市将继续完善蒙医药事业发展的政策措施，深入推进蒙医药全产业链发展，并依托内蒙古民族大学，继续加强与蒙古国国立医科大学合作，建立中蒙联合重点实验室、联合蒙药厂和蒙医院，携手推动蒙医药标准化、国际化进程。"发展'互联网＋蒙药'，建设以智慧通辽云平台为核心技术的民族医院联盟，快速提升民族医院的诊疗能力，更好地造福各族人民，使之成为融入'一带一路'建设和'向北开放'的一张靓丽名片。"进一步夯实蒙医药发展的产业基础，大力推进蒙药新药研发、传统蒙药二次开发以及经典验方、秘方的收集整理开发，把千百年来祖先留传下来的这份珍贵遗产传承好、保护好、发展好。①

2. 打造"中国蒙医药之都"国际名片

作为"中国蒙医药之都"，近年来，通辽市不断深化供给侧结构性改革，集中力量，整合资源，推进蒙医药向全产业链发展，推动蒙医药标准化、产业化、现代化、国际化进程，着力打造现代国际蒙医药之都。通辽市已经具备在政策环境、服务网络、人才储备和产业集群方面发展的优势，最终目标是把内蒙古自治区蒙医药的研发机构、检验机构、医疗机构等主要集中在通辽地区。

内蒙古民族大学蒙医药学院拥有3个省部级重点实验室、4个重点学科和全国唯一的蒙医药学博士点，有内蒙古民族大学附属蒙医医院和内蒙古蒙医药工程技术研究院等10家科研机构，医药工程研究中心、工程实验室和企业技术中心7个。内蒙古蒙医药工程技术研究院与北京中医药大学、内蒙古医科大

① 中国新闻网：《"中国蒙医药之都"对祖先珍贵遗产谋"国际化"之路》，2018 年 8 月 15 日，http：//finance. chinanews. com/sh/2018/08－15/8600907. shtml。

学、吉林中医药大学深入开展蒙药研发工作，为蒙医药产业发展提供了强有力的技术支撑。

通辽市有蒙医药专业技术人才1357人（蒙医人才999人，蒙药人才358人），其中博士23人、硕士110人、大学本科534人、大专及以下690人。通辽市拥有内蒙古民族大学蒙医学院、蒙药学院培养蒙医药专业人才的高校资源，每年培养本科以上蒙医药专业毕业生200余人。通辽市蒙医整骨医院的蒙医整骨术被列入"国家非物质文化遗产"名录，库伦旗被命名为"中国蒙医药文化之乡"。目前，全市蒙医药已经形成较为严谨的理论体系和治疗方法，积累了大量文献典籍，有许多传统验方、经典方、秘方、协定方和科研方。市蒙医研究所现收藏11世纪以来的蒙医药文献388部、536册，汇集了不同时代蒙医药发展的成就和精华。

2015年以来，通辽市连续两年召开国际蒙医药产业博览会，全方位展示了蒙医药科技成果和所研发的产品，共有来自中国、俄罗斯、蒙古国、韩国、美国、奥地利、日本、朝鲜、澳大利亚等国家的500余名医药专家、企业代表参加，进一步扩大了蒙医药的影响力和知名度。通辽市从2013年开始，连续三年出台《蒙医药事业发展行动计划》，并先后制定了《关于进一步扶持和促进蒙医药事业发展的实施意见》《关于加快蒙医药发展的实施意见》和《通辽市蒙中医药事业"十三五"发展规划》一系列政策性文件。"十二五"期间，向国家、内蒙古自治区争取蒙医药产业项目资金1.56亿元，其中蒙医医院建设资金1.16亿元，蒙药产业项目建设资金4000万元。从2013年开始，通辽市每年划拨3000万元作为蒙医药事业发展专项基金，实施打造"名企、名药、名院、名医"的"四名"工程，进一步推进了蒙医药产业化进程。2016年，通辽市蒙药及生物医药产业创投基金和内蒙古恒石生物产业创投基金通过自治区专家评审，基金设立后，国家和内蒙古自治区对通辽市生物制造和蒙药及生物医药这两个产业领域的参股投资达到 1.33 亿元，吸纳社会资本 2.37 亿元。①

3. 打造蒙中医药全产业链体系

蒙药资源的发展是整个蒙医药卫生事业发展的物质基础，也关系到自然界生态环境的平衡和生物多样性等。如何实现人与自然的和平共处与和谐发展值得我们去深入了解和研究。为了更好地发展蒙医药事业要注意蒙药资源的可持续发展，推进蒙药资源的综合利用。②

近些年，通辽市以打造"中国蒙医药之都"为重要契机，着力转变经济发展方式，深入实施"健康通辽"发展战略，以扩大蒙医药产能、提高市场占有率和品牌知名度为目标，积极打造国内外具有广泛影响力的现代蒙药科研和生产加工基地，蒙医药产业粗具规模，特色产业链初步形成。通辽经济技术开发区作为"中国蒙医药之都"的核心区，一直致力于做大做强现代蒙中医药产业，将其摆在"五链"的首链，全力支持和推动蒙医蒙药联合发展，加快打造药食健同源、医康养一体、"产学研用媒"多维支撑的全产业链条，助力企业在保健康养、未病治疗等领域集中攻坚。

加快制定蒙医药产业发展规划、行动计划及政策措施，科学发展蒙药材种植产业，积极推进蒙药产业重大项目建设。加快制定遵循蒙医理论、符合蒙药特点、被现代医学认同的蒙药临床系列评价标准，提高现代医学对蒙医药学理论的理解与认同，使蒙药的疗效"看得清、说得明、听得懂"。以创建国家级蒙中药标准化种植基地为目标，以奈曼旗、扎鲁特旗、科左后

---

① 内蒙古日报：《通辽市：全力打造"中国蒙医药之都"》，2016年12月28日，http：//nm. people. com. cn/GB/n2/2016/1228/c347193 - 29524862. html。

② 特布沁：《中国蒙药资源可持续利用现状和对策》，《内蒙古农业科技》2015 年第 4 期。

旗、库伦旗等蒙中药主产区为重点，大力推进蒙中药材种植。积极推进蒙医药国际化进程，推动内蒙古民族大学附属医院和科尔沁药业与蒙古国在蒙医药领域建立互信、互利、稳定合作机制，鼓励本土蒙医药企业赴海外开办医院、养生保健机构，加强与蒙、俄、日、韩等国家的蒙医药交流合作，通过每年举办一届蒙医药产业博览会，让蒙医药走出国门，提升蒙医药国际影响力，依托蒙医药工程技术研究院，在蒙古国国立医科大学合作建立蒙医药研发工程重点实验室，合作开展蒙医药研发工作；在乌兰巴托或二连浩特自贸区合作建立蒙药厂。组织蒙医药专家学者到蒙古国、俄罗斯等国家开展医疗服务、用药咨询，提高蒙医药的知名度，打造通辽名片，提高蒙药知名度和影响力。同时，加强项目储备和策划，积极争取国家、自治区专项建设资金，重点用于蒙医医院、蒙药项目建设、蒙医药人才培养、扶持蒙药种植基地建设、蒙药新产品研发及蒙医药健康产业发展。

加大蒙药材种植培育力度，着手编制通辽市蒙中药药材资源保护与开发利用专项规划，制定蒙中药药材重点发展品种目录、濒危保护品种目录和蒙药药材重点种植基地目录。在奈曼旗、库伦旗、科左后旗、扎鲁特旗发展药材基地观光休闲旅游，建设通辽蒙医药文化及发展展览馆，推动蒙医药健康旅游产业化、特色化、专业化，争取将通辽市列为国家中药材产业化示范基地，加快建立健全蒙中药药材种植标准体系，确保到2020年，全市蒙药材种植基地面积达到30万亩。

依托内蒙古蒙医药工程技术研究院和内蒙古民族大学雄厚的技术研发力量，坚持把传统药做精、把特色药做强、把创新药做深，加快研究开发具有自主知识产权、安全有效、附加值高的现代蒙药新产品，同步研制开发以蒙药为基础的食准字保健品、日用品、食品添加剂等绿色产品，打造绿色蒙药产业链及现代化产业集群。建设蒙药材交易平台、内蒙古蒙中药材交易中心，持续引进蒙药材生产、销售企业，加快蒙药材加工园区建设和蒙药销售电子商务平台建设，培育蒙药互联网市场，提升蒙药品牌影响力和市场占有率。

通辽市政府每年拨款 3000 万元作为蒙医药产业发展专项基金，连续举办四届蒙医药产业博览会和民族医药高峰论坛，积极融入"一带一路"建设，加快开发国际新兴医药市场，优化产品出口结构，推动出口产品由初级加工产品向高端制剂、自主创新类药物、保健品转变，全力推动蒙医药事业高质量发展，带动当地贫困人口脱贫致富。

（三）通辽市发展乡村旅游助力精准扶贫

乡村旅游是将乡村的自然美景与地理优势进行充分利用，促进当地经济体系的发展，也成为我国脱贫的一种新方式，乡村旅游脱贫就是帮助贫困地区进行丰富旅游资源的开发，实现当地人民脱贫致富的新政策，也是实现我国全面小康的重要促进因素。[①] 乡村旅游利用乡村独特的自然环境、田园景观、生产经营形态、民俗文化风情、农耕文化、农舍村落等资源，为游客提供观光、休闲、体验、健身、娱乐、购物、度假的一种旅游活动，这既是中国现代农业的一个重要发展方向，又是旅游资源最丰富、参与主体最多、受益面最广、带动性最强、发展潜力最大的领域。随着中国旅游业的迅猛发展，乡村旅游日益成为我国农村旅游资源丰富地区的重要经济增长点，旅游扶贫也成为旅游资源丰富的贫困地区的重要产业扶贫方式，发展乡村旅游是实现乡村振兴的重要手段，对促进民族地区的乡村振兴与繁荣有重要意义。"扶贫旅游以贫困人口的持续获益和发展

---

① 杨峰：《旅游扶贫背景下乡村旅游开发模式的研究》，《体育世界》（学术版）2020 年第 3 期。

为目标，以可持续旅游为基石，以机制构建为核心，是一种旅游可持续发展的新理念和使用工具"①。

党的十九大明确提出了"产业兴旺、生态宜居、乡风文明、治理有效、生活富裕"战略的目标任务，对乡村振兴战略做出了全方位部署。② 旅游业作为乡村振兴的主要动力产业之一，是与"乡村宜居"最为兼容的产业，也是将乡村生态资源转化成经济来源的首位产业。

在党的十九大提出的乡村振兴战略大背景下，通辽市紧紧围绕精准扶贫、精准脱贫的总目标，构建"旅游 + 扶贫"模式，通过发展城市依托型、景区依托型、农业依托型、文化依托型和民俗依托型乡村旅游业，引导贫困群众走上了一条绿色脱贫之路。

1. 通辽市乡村旅游发展概况

通辽市位于内蒙古自治区东部，是内蒙古自治区东北地区最大的交通枢纽城市，也是环渤海经济圈和东北经济区的重要枢纽城市，不仅有草原、沙漠、森林等丰富的自然旅游资源，同时还是科尔沁文化中心，是中国蒙古族聚居人数最多的区域，具有丰富的自然资源和浓厚的民族文化底蕴，乡村民俗风情浓厚多彩，这些宝贵的资源为通辽市乡村旅游的开发奠定了基础，具备发展乡村旅游的优良条件。

自脱贫攻坚战打响以来，通辽市旅游发展委员会（以下简称"通辽市旅发委"）努力推动生态建设与脱贫攻坚深度融合，用好扶持政策，将"旅游 + 扶贫"作为带动贫困地区群众脱贫致富的民生产业和扶贫攻坚的重要抓手，着力引导贫困旗县依托当地景区旅游资源，实施景区品质提升工程，完善景区配套

---

① 李佳：《旅游扶贫理论与实践》，首都经济贸易大学出版社 2010年版，第 42—43 页。

② 梅立润：《乡村振兴研究如何深化——基于十九大以来的文献观察》，《内蒙古社会科学》（汉文版）2018 年第 7 期。

设施，提升景区对周边贫困村的带动力，实现景区带动贫困嘎查村增收脱贫，持续释放旅游扶贫新活力。

根据《内蒙古自治区乡村（牧区）旅游扶贫工程行动方案》和《内蒙古自治区乡村旅游三年行动计划》，2018 年通辽市旅发委召开了旅游扶贫专题会议，成立了通辽市旅游扶贫工作领导小组，配备了专人负责旅游扶贫工作的推进和落实，制定了《通辽市乡村（牧区）旅游扶贫实施方案（2018—2020）》和《通辽市 2018 年旅游精准扶贫行动计划》，明确了旅游扶贫 3 年总体目标，部署全市乡村旅游及旅游扶贫工作，对全市乡村旅游发展带动和旅游扶贫贡献突出单位进行表彰，推动重点旅游企业、涉旅协会与贫困嘎查村"对接"，引导旅游企业投身扶贫事业。

通辽市加快完善基础设施，增强品牌吸引力，改善旅游接待条件；完善旅游交通标识系统，提升自驾游服务系统旅游服务水平；加强旅游小镇、农副产品商店等建设，延长旅游商品产业链条，促进农牧民增收，带动贫苦地区脱贫，鼓励农民发展乡村旅游和休闲农业的方式，为贫困人口"量身定制"旅游精准扶贫方式；动员有帮扶意愿的旅游企业和旅游人士充分发挥景区辐射作用、"企业＋能人"带动作用、旅游公司帮扶作用，与财政、农业、劳动等部门合作，实现精准扶贫、稳定脱贫；与全市贫困村、建档立卡贫困户精准结对，通过智力支持、物资帮扶、技术指导、带动就业等方式，通过全域发展、景区带动、产业融合等途径，广泛推行农家乐、牧家乐等特色乡村旅游，让农村成为安居乐业的美丽家园，实现旅游增值和脱贫攻坚的"双赢"。

为贯彻落实通辽市旅游扶贫工作动员会会议精神，把乡村旅游与精准扶贫、精准脱贫结合起来，加强乡村旅游配套设施建设，确保旅游产业扶贫工作真正取得实效，2018 年通辽市将全市 6 个贫困旗县的 15 个嘎查村的 300 户建档立卡贫困户、500多人纳入"旅游＋"产业扶贫规划，扶持、引导建档立卡贫困户参与旅游脱贫。2019 年科尔沁区旅游局通过乡村环境治理，优化乡村旅游发展环境,指导当地 6 个贫困村发展旅游产业,按照"吃农家饭、住农家屋、干农家活、摘农家果、享农家乐"的要求,把贫困户发展成为农家乐接待户,引导有劳动能力的贫困户参与旅游服务,取得农业收入之外的劳务收入。引导农(牧)家乐、乡村客栈和特色民宿提档升级,创建一批星级农(牧)家乐,帮助贫困人口拓宽增收渠道,走出了一条以游补农、以游助农、以游促农的良性发展道路。

按照《通辽市 2018 年打好精准脱贫攻坚战工作方案》,通辽市旅发委开展了全市旅游扶贫摸底调查工作,摸清贫困村发展基本情况和基础数据,为开展旅游扶贫工作奠定了基础,通过发展旅游带动脱贫,确保旅游扶贫各项工作落地生根。

2018 年 7 月,通辽市在第四届中国北方自驾游发展高峰论坛上发布了自驾游扶贫精品线路。通辽市各地党委政府抢抓京蒙帮扶有利契机,积极与北京市各级旅游部门对接,在旅游资源宣传推介、旅游项目建设等方面取得了丰硕成果,有力地推动了旅游扶贫工作开展。2020 年,通辽市将打造发展带动当地农牧民就业能力强景区 5 家、旅游特色小镇 20 个,建成旅游扶贫重点村 10 个,辐射带动产业培育型、环境改善型旅游服务村 30 个,发展乡村旅游扶贫示范户 500 户,旅游扶贫带动就业超 1 万人,助推 5000 人实现脱贫。

2018 年,通辽市旅游总收入为 198.56 亿元,同比增长 24.3%;国内旅游收入为 197.11 亿元,同比增长 24.5%;国际旅游外汇收入为 2114 万美元,同比下降 6.8%。接待国内外旅游者 760.90 万人次,同比增长 18.0%;国内旅游人数 758.32 万人次,同比增长 18.1%。[①]

---

① 通辽市统计局:《通辽市 2018 年国民经济和社会发展统计公报》,2019 年 5 月 19 日,http://www.tjcn.org/tjgb/05nmg/36049_2.html。

为提升旅游服务质量，通辽市实施旅游服务质量提升计划，完善旅游服务企业质量管理制度，推动旅游服务创新，提供优质高效的旅游服务产品，改善服务体验。加大旅游线路交通、基础设施建设力度，构建功能完善、安全便捷的旅游综合服务网。推进旅游行业标识系统建设，规范放置交通引导系统。推进旅游行业监管信息化平台建设，畅通旅游质量投诉、申诉渠道。建立旅游服务质量定期统计调查制度，建立旅游维权快速处理机制，建立信用资源信息共享平台。重点建设"一带一路"敖包相会主题小镇项目，全面实施自驾游服务系统提升工程，统筹抓好品牌景区创建和重点项目建设。[①]

通辽市通过全域发展、景区带动、产业融合等途径，鼓励农民发展乡村旅游和休闲农业，为贫困人口"量身定制"旅游精准扶贫方式，广泛推行农家乐、牧家乐等特色乡村旅游作为实现乡村产业兴旺、农民生活富裕的重要途径，让农村成为安居乐业的美丽家园，实现旅游增值和脱贫攻坚"双赢"。

2. 打造特色乡村旅游

旅游扶贫虽然是一种行之有效的扶贫方式，但并不适用于所有贫困地区，只有具备相应条件的贫困地区采用旅游产业扶贫方式才能取能理想的扶贫效果。[②] 近年来，通辽市加速构建绿色产业体系，充分发挥通辽市的地缘交通和区位优势，深入挖掘旅游资源，融合地域特色，以自驾车线路为驱动，以乡村旅游与休闲农牧业为支撑，全力打造辐射蒙东、面向东北、服务全市的旅游休闲度假基地，立足全域旅游创建，大力实施"旅游+"战略，加快旅游重点项目建设，着力塑造旅游品牌，加

---

① 通辽日报：《通辽市实施旅游服务质量提升计划》，2019 年 3 月 7 日，http：//www.tongliaowang.com/wmbb/2019/0307/99355445.html。

② 胡柳：《乡村旅游精准扶贫研究》，博士学位论文，武汉大学，2016 年。

强行业规范化管理，努力开创新时代旅游业发展新局面，实现了旅游经济发展新突破。

通辽市通过积极打造303国道横贯东西的科尔沁区100公里绿色葡萄景观长廊及沿线的5个休闲旅游村屯和5个城郊采摘园，推进以葡萄、西瓜等沙地经济作物为主的特色种植业发展，挖掘现有6万余亩大棚设施农业等田园生态旅游资源。如今，红星街道、育新镇、敖力布皋镇等乡镇的生态采摘游发展火热，形成了"冬春有草莓，夏有西瓜，秋有葡萄（鲜果）"的"四季采摘"的发展局面，"科尔沁金秋采摘节"也成为通辽市3大重点节庆活动之一。以休闲为核心主题，以传统工艺体验和科普教学为辅，以休闲、运动、娱乐、农家乐接待与特色购物为主要功能的休闲娱乐型乡村游，让游人体验生态观光、乡村度假、休闲娱乐为一体的农家风情。

2018年，通辽市按照有特色鲜明的产业形态、有和谐宜居的美丽环境、能够彰显特色的传统文化、有便捷完善的设施服务、有充满活力的体制机制的总体要求，聘请规范化、专业化的团队，结合各镇苏木产业与文化特色，完善各镇苏木总体规划。根据全市资源特色、交通状况和环境承载力，通辽市在实施旅游扶贫过程中，积极参加全国各地文化旅游博览会，邀请中央、北京媒体进行乡村旅游采风，推进旅游扶贫线路开发、特色小镇、田园综合体建设，不断完善旅游扶贫基础设施，优化服务环境，提升旅游文化内涵，做亮做大乡村旅游品牌，努力将通辽建设成为"京津冀、东北地区，乃至面向全国的重要休闲旅游目的地"，使旅游扶贫成为全市精准扶贫的新动能。[1]

---

① 通辽旅游：《美丽乡村游＋绿色脱贫路——通辽市旅游扶贫工作纪实》，2018年10月30日，https：//www.sohu.com/a/272435725_230043。

通辽市坚持以"培植典型、精心打造"的标准积极推进余粮堡御景苑温泉度假小镇一期工程和莫力庙自驾车露营地二期建设，启动金禾湾休闲娱乐项目建设、金色田园基础设施完善及餐厅建设、岭南园林开发项目、羊场西湖庭院特色民宿项目、宜盛隆田园综合体项目建设。着力打造蒙元风情莫力庙、休闲田园育新镇、温泉疗养余粮堡、农业科技钱家店、生态采摘大林镇五大精品小镇，大力开发城郊休闲度假、生态农业观光等不同类型的乡村旅游产品，树立科尔沁区乡村旅游品牌，构建城市"后花园"。在办好"8·18"赛马节和金秋采摘节的同时，策划推出"踏春季""赏花季""收获季"等系列休闲游活动，提高乡村旅游节庆的质量、规模和效益，打响科尔沁区乡村旅游品牌。搞好市场营销。利用科尔沁区乡村旅游资源，精心设计乡村生态游、乡村度假游、乡村文化游、乡村体验游等精品路线；结合乡村旅游四季特色，逐步形成"春看花、夏看景、秋看色、冬看烟"的科尔沁区乡村看点，打造集旅游观光、自驾游服务系统和相关产业发展于一体的旅游贸易经济带，实施全域旅游、四季旅游和"旅游+"为核心，构建旅游产业新业态。依托科尔沁500公里风景大道为中心，重点打造"一线一路四点"的旅游业发展格局，包括大青沟旅游景区、阿古拉文化旅游主题小镇、僧格林沁王府和乌旦塔拉原生态七彩园林景区。同时，在科左后旗散都苏木车家窝棚村，重点打造草甘沙漠旅游景区，使旅游和农牧民的利益直接联系起来。每年沙漠景区接待游客达到10万人以上，旅游收入突破500万元。截至2019年8月，全旗共接待游客92.3万人次，同比增长6.3%，实现旅游综合收入约7.38亿元，同比增长7.8%。

通辽市不断强化"旅游+"的思维，促进旅游与一二三产业融合，互荣共赢。2019年通辽市共获得内蒙古自治区旅游扶贫资金500万元，用于支持全市11个旅游产业扶贫项目建设，培育旅游产业服务体系，不断增强全区旅游综合服务能力。科左后旗车家窝堡村开发建设草甘沙漠旅游区，全村 24 户贫困户将 120 万元扶贫贷款、7 户贫困户将 9.1 万元以奖代补资金以入股形式投入景区发展，每年每户分红分别达到 5000、4000 元，12 户贫困户中有 12 人在景区实现就业，12 户贫困户在景区经营绿色农副产品，2 户贫困户经营"农家乐""牧家乐"。科尔沁区金禾湾集餐饮娱乐、采摘、农业休闲观光、水产养殖、中草药种植为一体，以城市爱心人士认养的方式开发"爱心稻田"、爱心果园，设立"爱心超市"，吸纳周边 13 个村有劳动能力的贫困人口到企业就业，企业长期用工 43 人，临时用工 200 余人，月均工资达 2400 元，贫困户实现稳定脱贫。内蒙古鼎鑫生态旅游发展有限公司与科左中旗宝龙山镇、架玛吐镇、新开河林场的 20 户建档立卡贫困户签订用工合同，常年安排劳动力就业 60 人，已有 41 名在企业就业的建档立卡贫困人口实现脱贫。奈曼旗孟家段村依托孟家段湿地旅游区、孟家段国家湿地公园，大力发展以餐饮接待、民宿、农副产品销售为内容的乡村旅游业，村内有渔家乐 38 家、养殖户 10 家，打造出"孟家段水库野生鱼""孟家段水库咸鸭蛋"等多个品牌，每年接待游客达 10 万人次，直接就业 200 人，旅游直接经济收入达 1000 万元，人均旅游业收入 8400 元，成为远近闻名的旅游扶贫村。库伦旗六家子镇依托现代农业资源特色，大力发展乡村生态游，形成了以杏树洼村万亩葵花种植基地为代表的一系列现代农业示范区，周边贫困户户均增收 4000 元左右，以农业为主助力脱贫攻坚。截至 2019 年，全市累计投入资金 1432.3 万元，全市 94 个苏木乡镇、1488 个嘎查村、4.2 万建档立卡贫困户落实了庭院经济发展模式，优化利用了庭院及房前屋后空地资源、劳力及技术资源，改变了农村牧区的生产生活习惯，激发了贫困户的内生发展动力，实现了户均增收 1500 元以上的目标。

通辽市开鲁县文化底蕴深厚，以革命烈士、纪念物及其所承载的革命精神为核心的红色旅游打造了开鲁旅游业的闪亮

"名片"。开鲁县麦新镇借助着力打造红色小镇的东风，对全镇旅游发展进行了重新规划，结合并发挥本地红色文化与乡村资源的优势，增强了体验式旅游项目比例，如重走长征路、共唱红军歌、祭奠烈士墓、学习革命史和在红色堡垒户体验特色餐等活动，使游客能够亲自参与其中，体验红色革命精神的精髓，进而让游客从观光者转变为参与者，在参与体验的过程中得到精神与情感的升华，实现从传统单一的观光旅游模式逐渐向集红色教育、观光农业、生态旅游、军事主题训练基地、文艺演出、培训和农家乐等为一体的新型旅游整合发展模式转变；开创了多种主题的红色研学路线，增加了弹性消费比例，尝试将购物、餐饮、游乐、培训、节庆活动等内容作为红色旅游产业链的多元构成，增加了麦新红色旅游的综合吸引力和盈利点。①

通辽市通过政府引导、嘎查村主导、农户经营、企业订单回收等方式，积极支持有意愿的贫困户发展以"一块田、一块园、一块电、一林果、一个圈、一门技"为主要模式的庭院经济。通辽市将庭院经济发展与乡村振兴、人居环境整治、庭院绿化美化结合起来，把庭院打造成增收减支的"新阵地"、安居休闲的"美家园"。通辽市推进乡村旅游接待户与乡村牧区旅游示范点的标准化创建工作，目前已有云楼山庄、白音敖包蒙古部落、家的味道、红太阳农庄4家旅游企业提出星级乡村旅游接待户创建申请。通辽市通过加强宣传推介、拓展客源地旅游市场、助推全市乡村旅游向品牌化发展，策划实施乡村旅游暨旅游扶贫公益活动，将旅游公益扶贫贯穿到"文化旅游季"系列活动中，推荐经典扶贫旅游线路，加大旅游示范项目建设力度，优化产业发展布局，促进旅游消费，丰富旅游产品，助推

---

① 人民网办公室：《麦新红色旅游：探索新时代红色旅游产业发展的新路径》，2019 年 12 月 9 日，http：//nm. people. com. cn/GB/n2/2019/1209/c388750 – 33616949. html。

全市乡村旅游和旅游扶贫和谐发展。

根据国家文化和旅游局《关于公示第一批拟入选全国乡村旅游重点村名录乡村名单的公告》，通辽市科左后旗散都苏木车家窝堡村被列入全国乡村旅游重点村，推进民宿建设助力旅游扶贫。通辽市奈曼旗创先启动乡村旅游民宿建设，成功创建民宿发展雏形，成为民宿建设工作的排头兵。目前奈曼旗卧风甸子嘎查村、庙屯嘎查村、多日奔敖包嘎查村、白音他拉村、北宝古图村、孟家段渔村、青龙山四一村 7 个嘎查村、178 户具备乡村旅游接待能力。

通辽市积极与北京市文化和旅游局对接，双方在搭建旅游合作平台、旅游规划指导、旅游在京推介、人才培训、对口区县帮扶五个方面达成初步意向。通过"北京文旅扶贫协作和支援合作展区""2019 北京国际旅游博览会"等平台展示通辽市优秀旅游产品，借助京蒙扶贫协作平台，展示通辽市优质文化和旅游资源，推介文化和旅游项目，促进双方文旅企业对接，共同推动通辽市的文化和旅游产业在脱贫攻坚中发挥更大作用。

虽然通辽市旅游扶贫取得了一定的成绩，但通辽市的乡村旅游产业发展起步较晚，且尚不成熟，对扶贫工作的带动还没有达到预期的效果，加之旅游业季节性较强，全年参与旅游产业的人员比重不高。特别是目前全市的 5.69 万贫困人口中，因病、因残和无劳动能力的贫困户占了 73.5%，贫困人口通过参与旅游业增收的难度较大。

未来通辽市将推进《通辽市乡村旅游发展与旅游扶贫规划》编制工作，加强顶层设计，突出乡村旅游的"农味儿、牧味儿、鱼味儿"，为全市乡村旅游发展及产业扶贫指明方向；稳定带动更多的农牧民通过发展旅游实现增收致富，使旅游扶贫取得实质性成果。强化基础实施，充分发挥景区带村、企业带户、能人带人的产业扶贫辐射作用，推进乡村旅游向高质量发展；优化产业发展布局，促进旅游消费，丰富旅游产品，助推全市乡村旅游向集约化发展；加强宣传推介、拓展客源地旅游市场，助推乡村旅游向品牌化发展；指导旗县市区打造民宿建设项目，认真贯彻落实民宿建设标准，强化设施建设，创建民宿标准化建设雏形，助推乡村旅游向产业化发展；积极与内蒙古自治区文化和旅游厅争取旅游扶贫资金，用于旅游扶贫项目，推动已列入国家金融支持旅游扶贫项目的奈曼旗白音他拉旅游小镇项目尽快落地，继续加强与北京市文化和旅游局对接，以高铁开通为契机，加强京津冀地区精准营销。

2020 年 3 月 27 日，通辽市文化旅游广电工作电视电话会议在市行政中心召开，会议深入贯彻落实习近平总书记关于统筹推进新冠肺炎疫情防控和经济社会发展工作重要讲话重要指示精神，坚持以高质量发展为目标，以融合发展为主线，以改革创新为动力，努力推动文化旅游广电事业发展再上新台阶，树立文旅融合发展理念，坚持"宜融则融、能融尽融，以文促旅、以旅彰文"，以"区域一盘棋"、精品引领等新理念引领文旅产业创新发展，全维度拓展文化旅游空间、全方位挖掘文化旅游内涵、全要素完善文化旅游功能，增强文旅产业发展新动能。要把握发展机遇，丰富旅游供给、优化旅游环境、加强旅游宣传、推进旅游惠民，拓展文旅产业发展新空间。①

几年来，通辽市按照党中央的决策部署，依托独特秀美的自然风光和厚重悠久的文化底蕴，以更大的力度、更实的举措、更强的责任担当，打响脱贫攻坚战，通过乡村振兴和美丽乡村建设带动全域乡村旅游发展，为科尔沁区发展全域旅游打下坚实的基础。动员有帮扶意愿的旅游企业和旅游人士与贫困村、建档立卡贫困户精准结对，通过智力支持、物资帮扶、技术指

---

① 通辽日报：《通辽市文化旅游广电工作电视电话会议召开》，2020 年 4 月 1 日，http：//nm. people. com. cn/BIG5/n2/2020/0401/c388750 – 33920244. html。

导、带动就业等方式，培育富民产业、建设基础设施、促进贫困村社会事业发展，将乡村的"风景"变成"产业"、乡村的"美丽"转化为"财富"，为贫困群众铺就一条绿水青山就是金山银山的精准脱贫之路，在打好打赢全市脱贫攻坚战的大决战中，让旅游扶贫成为一道最为亮丽的风景。

（四）通辽市发展光伏产业助力精准扶贫

光伏扶贫是指以扶贫为目的，在光照资源较好的地区，利用政府投资建设光伏电站，其产权归村集体所有，全部收益用于扶贫。传统的扶贫方式一直被称为"输血"式扶贫，大量的财力物力支持只能缓解一时之需，却无法从根本上帮助贫困县脱贫，若要"授人以渔"，那么就必须帮助这个地区找到能够自我发展的产业方向，形成良好的经济发展循环动力。

中国太阳能资源很丰富，适合发展光伏发电的地区约占全国总面积的九成以上，光伏发电清洁高效、技术可靠、建设期短、收益稳定，可保证贫困户20—25年持续稳定获得发电收益，相对一般性的产业扶贫手段优势明显。在光照资源条件较好的地区因地制宜开展光伏扶贫，既符合精准扶贫、精准脱贫战略，又符合国家清洁低碳能源发展战略；既有利于扩大光伏发电市场，又有利于促进贫困人口稳收增收，充分利用了贫困地区太阳能资源丰富的优势。开发太阳能资源，实现了扶贫开发和新能源利用、节能减排相结合，通过产业创造经济发展活力，创造就业岗位，提高贫困户的收入，也同时助推新能源产业发展。

1. 通辽市光伏产业发展概况

为了进一步贯彻落实《中共中央 国务院关于打赢脱贫攻坚战的决定》以及《国家发展改革委 国务院扶贫办国家能源

局 国家开发银行 中国农业发展银行关于实施光伏发电扶贫工作的意见》等文件的有关要求，2016 年，内蒙古自治区通知各地结合实际情况实施光伏发电扶贫工作。预计到 2020 年以前，内蒙古自治区国贫旗县和区贫旗县市区建设约 140 万千瓦光伏扶贫工程，保障 5.6 万户建档立卡的无劳动能力贫困户（包括残疾人）每年每户可通过光伏扶贫工程稳定收入 3000 元以上，持续扶贫 20 年。内蒙古自治区规定将国家当年下达的光伏发电建设指标，全部用于光伏扶贫电站项目，光伏扶贫工程将惠及百万贫困户。

2018 年 1 月，国家能源局、国务院扶贫开发领导小组办公室联合发布《关于下达"十三五"第一批光伏扶贫项目计划的通知》，内蒙古自治区 17 个旗县、925 个建档立卡贫困村、77134 户的光伏扶贫项目获得批复，计划建设电站 755 个，规模达 36.7633 万千瓦。在全国 471 个光伏扶贫县中，通辽市科左中旗、科左后旗、库伦旗、奈曼旗被列入光伏扶贫工程重点实施范围，计划扶持 147 个建档立卡贫困村、7575 户建档立卡贫困户，建设村级电站 90 个，规模达 4.6194 万千瓦。已投运光伏电站 41 个，建成并网发电装机容量 107 万千瓦，全市电力装机总规模 1309.15 万千瓦，其中光伏装机规模 106.99 万千瓦，并呈逐年提高态势。

在国家光伏政策及《内蒙古自治区集中式光伏扶贫电站收益分配管理办法》和《内蒙古自治区村级光伏扶贫电站收益分配管理实施办法》指导下，2018 年通辽市投资 2.95 亿元，在科左后旗、科左中旗、库伦旗等地兴建村级光伏扶贫电站 103 个，现已全部并网发电，惠及建档立卡贫困嘎查村 174 个。采用"户用 + 集体"的方式，实施光伏扶贫项目，总装机容量 207.36 千瓦，直接带动 28 户贫困户（67 人）年户均稳定增收 3000 元、村集体年收益 5 万元以上。项目总装机容量 207.36 千瓦，质量保证 25 年自然衰竭率 < 20%，项目并网发电运营后，

贫困户装机容量 6.48 千瓦，每年发电 10000 度，电费及补贴 0.75 元/度，年电费 7500 元。电力部门按月支付电费和国家补贴，连续 25 年，中国农业银行代为扣除应还贷款及利息、运维费、保险费后，其余收益全部存入贫困户账户，农业银行贷款及利息还清后，贫困户将全部收益的 50% 上缴村集体，剩余 50% 归贫困户所有，每户年收益 3000 元以上。村集体装机容量 80 千瓦，每年发电 12 万度，电费及补贴 0.75 元/度，年电费 94170 元，合作社扣除 5% 的管理费后，将全部收益上缴村集体，由村集体负责支配，年收益 5 万元以上。① 2018 年 7 月，总投资 1.69 亿元、总装机规模 23.2 兆瓦的库伦旗协力光伏扶贫电站顺利并网发电。该项目是库伦旗建成的第一座集中式光伏扶贫电站，并网后年均发电量可达 3300 万度，收益按出资比例分红，政府分红部分全部用于 146 个嘎查村建档立卡贫困户，可为 928 户、1671 人每年分红 3000 元，并能获得持续 20 多年的稳定收益。每座电站的规模视嘎查村的居民数量和扶贫任务等情况而定，资产归相关嘎查村集体，收入主要用于扶贫济困和发展集体经济。

通辽市集中式光伏扶贫工程建设指标为 21 万千瓦，分为 6 个区域项目进行建设。科左中旗鑫能电力有限公司项目建设规模为 2.2875 万千瓦，帮扶贫困户 918 户，于 2019 年 6 月 29 日实现全容量并网发电。中广核（科左中旗）新能源有限公司项目建设规模为 2.3 万千瓦，帮扶贫困户 917 户，于 2019 年 6 月 28 日实现全容量并网发电。扎鲁特旗鲁投洁太电力有限公司建设规模为 2 万千瓦，帮扶贫困户 796 户，于 2019 年 6 月 29 日实现全容量并网发电。奈曼旗光伏扶贫项目由内蒙古乃蛮电力有

---

① 中国扶贫内蒙古频道：《通辽市创新"光伏扶贫"模式推动贫困人口绿色可持续增收》，2018 年 7 月 2 日，http：//www.zgfpnmgz.com/jcdt/info_ 29909.html。

限公司负责建设，建设规模为5.5万千瓦，帮扶贫困户2189户，于2019年6月29日全容量并网发电。库伦旗光伏扶贫项目由库伦旗协力光伏有限公司负责建设，建设规模为2.32万千瓦，帮扶贫困户928户，于2019年6月28日全容量并网发电。科左后旗光伏扶贫项目由科左后旗太科光伏发电有限公司负责建设，建设规模为3.93万千瓦，帮扶贫困户1572户，于2019年6月29日全容量并网发电。开鲁县光伏扶贫项目由开鲁深能北方光伏有限公司负责建设，建设规模为2.6625万千瓦，帮扶贫困户1003户，于2019年6月28日送电成功，并网容量2万千瓦，8月底实现全容量并网。

2. 通辽市光伏扶贫成就

光伏扶贫电站建成后，通辽市政府委托第三方负责管理运营，运营期为25年，国网蒙东电力公司承诺消纳全部电量。每个嘎查村年均增加集体收入10万元以上，既壮大了村集体经济，又能增强扶贫投入能力，还就地吸纳部分贫困农牧民就业，一举多得。项目建成后，预计平均年上网电量达7000万千瓦时，年可节约标煤2.36万吨，减少废弃物排放量约7万吨。在建设完成7座集中式地面光伏电站的基础上，协助科左后旗、科左中旗、库伦旗政府建设村级光伏扶贫电站103个，2019年6月底并网投入运营。与此同时，积极协助扶贫开发办公室组织申报第二批村级电站，做好实施准备工作。

同时，通辽市科左中旗聚焦深度贫困人口和老年、残疾、大病慢病患者等特定贫困人群，积极推行资产收益扶贫新模式，全力保障无劳动能力和部分丧失劳动能力的贫困人口有稳定收益，建设2个集中式发电站和6个村级电站，建设总规模为5.34万千瓦，扶持2925户贫困户享受稳定收益。积极争取内蒙古自治区第二批村级光伏电站指标，扩大贫困村光伏扶贫覆盖面，增加受益贫困人口规模。2019年12月13日，经过3个月的紧张建设，通辽市科左中旗"十三五"第二批光伏扶贫 22 个村级电站全部并网运行，在通辽市率先实现全容量并网运行发电。该项目投入 6809.752 万元，其中京蒙协作专项资金 750 万元、扶贫资金 6059.752 万元，电站总规模为 10.792 兆瓦。根据电网系统消纳条件，建设联村电站 22 座，分布在 12 个苏木镇场的 22 个嘎查村，带动贫困村 92 个、建档立卡贫困户 1552 户，运行后年发电量为 1500 万千瓦时，年可实现收益约 1125 万元。

2019 年 4 月，通辽市能源局做出公开承诺，协助科左后旗、科左中旗、库伦旗政府建设村级光伏扶贫电站 103 个。目前，科左中旗已经有 38 座村级光伏扶贫电站投入运行。通过村级电站分配收益设立公益性岗位、生产奖补、开展小型公益事业，可使 176 个建档立卡贫困村、2642 户建档立卡贫困户稳定收益 20 年，有效保障了贫困群众长期稳定增收，破解了贫困村产业匮乏难题，为科左中旗"人脱贫、村出列、旗摘帽"注入强劲动力。

为全力推进精准脱贫工作，实现 2019 年脱贫摘帽的目标，科左后旗积极探索光伏扶贫新路，采取"政府 + 企业 + 贫困户"模式，完善资金筹措方式，大力推进光伏扶贫，变救济式扶贫为开发式扶贫，全力打造光伏镇、光伏村，推动绿色能源走进千家万户，通过光伏发电项目扶持 1800 户无劳动能力建档立卡贫困户稳定脱贫，每年每户可通过光伏扶贫工程稳定收入 3000 元以上，持续扶持 20 年。2018 年 4 月 16 日，规模为 4.6 万千瓦、总投资为 3.5 亿元的光伏项目在科左中旗白兴吐苏木白兴吐嘎查村和花胡硕苏木大伙房嘎查村开工建设，扶持无劳动能力建档立卡贫困户 1835 户、4034 人。截至 2019 年 6 月 21 日，科左中旗项目总容量为 7394 千瓦的 16 座联合村级光伏扶贫电站已全部并网发电，该项目投入京蒙援助资金、整合配套资金共 4806 万元，惠及 84 个村、1090 户建档立卡贫困户，运行后年发电量 1100 万千瓦时，年可实现收益约 830 万元，为贫困嘎查村增加集体经济收入 5 万—8 万元。

2018 年，科左后旗实施新生屯村户用光伏扶贫项目，通过企业先行垫资的方式与 28 户贫困户签订合作协议，利用"村民之家"屋顶、贫困户庭院安装光伏板进行并网发电。该项目周期为 25 年，并网后供电公司按月支付电费和国家补贴。该项目实施后，贫困户每户年发电达 10000 度，按每度电 0.75 元计算，年收入为 7500 元；村集体年发电 10 万度，年收入为 75000 元。科左后旗 74 个重点贫困村建设 68 座村级扶贫电站，总容量为 30.8 兆瓦，总投资为 2.002 亿元，年发电量为 4620 万度，带动 4973 户贫困户连续 20 年每年每户受益 3000 元。①

2019 年 6 月 19 日，库伦旗 19 座村级光伏扶贫电站已全部并网，库伦旗村级光伏扶贫电站项目总装机容量为 8000 千瓦，25 年总发电量约 26290 万千瓦时，每户每年受益不少于 3000 元，16 个贫困村、1512 户贫困户将受益。

库伦旗第二批光伏扶贫村级电站建设规模为 1.855 兆瓦，总投资约为 1218.9 万元，拟建设 4 个电站，电站共扶持 11 个嘎查村 276 户建档立卡户。为了拓展集体经济收入来源，推进贫困村冬季新能源清洁取暖工作，奈曼旗整合各类扶持资金 1500 万元，建设 131 个嘎查村光伏取暖工程，装机规模达 2620 千瓦，可提供约 4000 平方米的供暖面积，每村每年可增收 2 万元以上。

根据国家对光伏扶贫收益的 80% 以上用于贫困人口公益岗位设置的工资和参加村级公益事业建设劳务费用支出、支持鼓励贫困劳动力就地就近就业等相关要求，仅第二批光伏扶贫补贴就可增设 4 万个岗位，光伏扶贫将在减少疫情对贫困人口务

----

① 通辽市人民政府：《聚焦深度贫困　内蒙古多地光伏扶贫为贫困户开"良方"》，2018 年 4 月 11 日，http：//news. solarbe. com/201804/11/285940. html。

工增收的影响以及增加贫困嘎查村集体经济收入等方面发挥重要作用。

2019 年，通辽市集中式光伏电站规模涉及 6 个旗县，帮扶贫困户 8223 户，政府投资 14855.35 万元，银行贷款 109384.8 万元，合计 124240.15 万元。2020 年，光伏扶贫设置公益岗位 2704 个，吸纳贫困人口 1768 人，累计收益为 930.41 万元。第一批村级光伏扶贫电站规模为 4.6194 万千瓦，涉及科左中旗、科左后旗、库伦旗，建档立卡贫困村 174 个、帮扶贫困户 7575 户、电站数量 103 个，项目投资 29512 万元。第二批村级光伏扶贫电站规模为 4.1547 万千瓦，涉及科左中旗、科左后旗、库伦旗、奈曼旗，建档立卡贫困村 299 个、帮扶贫困户 6221 户、电站数量 47 个，项目投资 27005.55 万元。集中式光伏发电项目主要分布在奈曼旗、库伦旗、科左中旗、科左后旗、扎鲁特旗和开鲁县，总规模为 21 万千瓦，建设地面光伏电站 7 座（其中科左中旗 2 座，其他旗县各 1 座），扶持对象为建档立卡户无劳动能力和残疾人贫困户 8223 户，每户对应的项目规模为 25 千瓦左右，2018 年、2019 年通过集中式光伏扶贫收益保证了部分无劳动能力和残疾人贫困户的稳定收入在 3000 元以上。村级光伏电站的发电收益（除运维管理费用外）全部用于村集体，主要用于开展公益岗位扶贫、小型公益事业扶贫、奖励补助扶贫等。

光伏扶贫电站收益实行专户管理、专人负责、专款专用，确保资金安全。指定或委托负责光伏扶贫电站发电收入结转工作的相关机构，每年第一季度向旗县扶贫部门和财政部门专题报告上一年度光伏扶贫电站运行管理、收益开支等情况，并接受检查和审计。村级光伏扶贫电站收益分配和使用应统一设立账簿和科目，分嘎查村建立台账，做到公开透明。

未来通辽市将抓住国家关于无补贴平价上网项目新政出台的有利契机，重点推进 100 万千瓦风电平价上网项目，结合生态保护和环境治理工作，积极推进光伏治沙、光伏领跑、采煤沉陷区及矿区排土场光伏发电项目，鼓励利用建筑物及附属场地，依托通辽市丰富的可再生能源资源优势，制定出台光伏能源产业发展规划，鼓励新能源企业通过改进技术、引进设备等方式降低成本，有序开展竞价上网，着力推进风电、光伏发电分别实现平价上网。

产业是发展的根基，是贫困户脱贫的依托，更是防止返贫的关键，通辽市深入贯彻落实中央、内蒙古自治区关于特色产业扶贫的决策部署，提升特色产业扶贫工作的精准度，增强贫困村、贫困户发展的内生动力，立足特色资源，采取多种渠道，创新多种模式，引导鼓励有条件的贫困户发展特色种养业，扩大特色产业扶贫覆盖面，通过强化产业转型升级、现代要素集聚、体制机制创新、利益共建共享，促进农业质量变革、动力变革、效率变革，推动产业振兴、助力脱贫攻坚、实现农民增收。

三　通辽市发展电子商务
助力精准扶贫

在新时代、新条件下如何做到精准扶贫、实现全体人民共同富裕是目前扶贫工作面临的一项新课题，随着互联网普及、电子商务发展迅猛，电商扶贫将互联网技术与精准扶贫结合在一起，为脱贫致富提供了新的路径。

电商扶贫是指引导和鼓励第三方电商企业建立服务平台，将互联网主流化的电子商务纳入扶贫开发工作体系中，用于帮扶贫困对象，创新扶贫开发方式，促进商品流通，不断提升贫困人口利用电商创业，拓宽贫困地区特色优质农副产品销售渠道和贫困人口增收脱贫渠道，让互联网发展成果惠及更多的贫困地区和贫困人口，改进扶贫开发绩效的理念与实践，带动农村经济发展，帮助农民实现脱贫致富。

内蒙古自治区深入建设和完善农村电子商务公共服务体系，培育农村电子商务供应链，促进产销对接，带动贫困人口稳定脱贫，推动农村电子商务成为农业农村现代化的新动能、新引擎。

（一）通辽市电子商务发展现状及成就

电子商务精准扶贫是电子商务与产业扶贫的创新结合，继承了电子商务的相关模式、特点和优势，有助于中国民族地区改善产业发展、提升经济效益，帮助民族地区贫困群体增收创收。

随着互联网的应用和普及，电子商务在计算机技术和"互联网＋"战略的共同作用下，取得了长足进步，有效地带动国民经济特别是农村经济的进步和发展，成为国家精准扶贫的重要手段之一。① 国务院扶贫办于2014年将"电商扶贫"正式纳入扶贫的政策体系，并于2015年年初将电商扶贫列为"精准扶贫十大工程"之一，要求"在贫困村开展电商扶贫试点，将农产品通过网络渠道走进城市，发挥市场化电商渠道的作用，促进贫困地区农产品销售和农民增收"。2015年11月，国务院下发了《关于促进农村电子商务加快发展的意见》，该意见指出必须加大"互联网＋"扶贫力度，完善电信普遍服务补偿机制、加快贫困地区物流配送体系建设、支持电商企业拓展农村业务、加强贫困地区农产品网上销售平台建设、加强贫困地区农村电商人才培训等。

随着互联网时代的到来，电子商务成为时下最热门的行业，吸引了众多创业者的目光。近年来，通辽市大力推进电商扶贫，建设具有当地特色的涉农平台，构建"农产品进城、工业品下乡"的双向商贸流通体系，进一步增强当地贫困人口通过电商创业就业的能力。

1. 通辽市电子商务发展历程

2013年11月，通辽电子商务产业园在通辽经济技术开发区正式建立，这是通辽市最大的电商企业聚集区。园区划分为品牌区、孵化区、创业区、淘宝区，汇集了网商、平台商、服务商、代运营商及视觉设计、文化创意等相关行业，快递、银行、

---

① 叶诗凡：《乡村振兴下我国农村电商精准扶贫的新路径》，《电子商务》2019年第4期。

咨询等服务配套，超市、公寓、公共交通等生活配套齐全，构成了完整的电商生态群落。2014年12月，通辽市成立电子商务协会，会员达到120多家。草原旭日企业作为通辽电子商务的先行者，连续三届获得全国电子商务示范企业称号，业务范围覆盖全国大部分地区，2014年销售额突破1亿元，实现了由传统企业向综合电商服务企业的成功转型。2015年7月，通辽电子商务产业园被国家商务部评为"第二批全国电子商务示范基地"。2015年8月，国家电子商务示范基地创建工作研讨会在通辽经济技术开发区成功举办。"电商本土化，平台自主化，品牌区域化，发展差异化，业态多元化，服务综合化"的发展路子得到与会专家高度认可，新华网等5家中央媒体以"'通辽模式'独辟蹊径推动电子商务产业步入快车道"为题进行报道。2019年年底，园区已入驻全国示范电子商务企业1家、品牌电商企业10余家、小微电商企业和创业团队80余家，创业人数超过500人。

电子商务是集商流、物流和信息流于一身的现代服务业，发展潜力巨大，前景可观。为了释放潜力，促进电子商务的健康快速发展，通辽市制定出台了《2015年通辽市电子商务发展行动计划》《通辽市农村牧区电子商务发展三年规划（2015—2017）》《通辽市加快电子商务发展实施意见》《关于推进农村牧区电子商务加快发展的实施意见》《促进电子商务发展的优惠政策》，实施了品牌企业引联、大学生白手创业、中小微企业扶持、高端人才会集、农村电子商务引爆、跨境电子商务示范"六大工程"，搭建了技术支撑、人才培育、行业服务、生活服务、业务协作"五个平台"，引领电子商务的发展。对入驻园区的企业和创业团队实施免收租金、取暖费、物业费、网络费，为创业大学生免费提供办公室、公寓、桌椅、电脑，并帮助协调创业贷款，加快电子商务管理体制改革，落实税收优惠政策，降低通行收费，加大对电子商务企业的扶持力度，加快电子商务进社区、进农村步伐，同城网上超市实现主城区社区全覆盖。

　　通辽市委、市政府认真贯彻落实内蒙古自治区党委、政府和有关部门关于加快电子商务发展的一系列政策措施，多次召开现场会、办公会，并组织有关部门和旗县市区同志到义乌、遂昌等地考察学习，到杭州参加"淘宝大学"电子商务专题研修班，并与阿里巴巴、京东进行深度互动交流，专门制定出台了《2015年通辽市电子商务发展行动计划》《通辽市农村牧区电子商务发展三年规划（2015—2017）》等9个支持电子商务发展的政策性文件，共整合资金近亿元用于扶持电子商务发展。通辽市政府决定连续三年对旗县电商产业园、电子商务运营中心、乡镇服务中心、示范性电商龙头企业、仓储配送中心、产品展示店建设给予补贴；对物流企业、快递公司、通信运营企业以及为电商提供配套服务的综合服务部门给予奖励。

　　2018年，通辽市印发了《通辽市商务局电子商务扶贫攻坚三年规划（2018—2020年）》，加大对农牧民电商培训力度，采取集中培训及个别指导方式，使农牧民掌握电商基础技能，不断提高牧民脱贫致富能力。推动电子商务企业与农村牧区邮政公司合作，开展"万村千乡市场工程"优势资源对接，构建农畜产品进城、工业品下乡的双向流通体系。

2. 通辽市电子商务取得的成就

　　近年来，通辽市大力引导企业发展"互联网＋"，助力电商企业发展。通辽市制定了"十免三扶持"的措施助推电商企业发展，实施农村电子商务引爆、社区"互联网＋"、跨境线上交易三大工程，通辽电子商务产业园被商务部批准为"第二批全国电子商务示范基地"，成功举办了国家电子商务示范基地创建工作（通辽）研讨会、通辽市电子商务现场会、内蒙古自治区推进国内贸易流通现代化暨农村牧区电子商务现场会，启动了

"京东·中国特产·通辽馆"项目。2019 年年底，产业园已入驻电商企业 80 家、创业团队 20 个，实现交易额 8 亿元，将辽河镇打造为电子商务示范镇，电商产业带动农户户均增收 2000 元以上。引进东北亚现货商品交易所，与江苏茂源经贸集团、宁波电商协会合作，做大跨境和大宗商品电子交易，力争 3 年内跨境电商交易总额突破 50 亿元。

通辽市委、市政府积极支持农村电商率先发展，在全市所有嘎查村建设电商服务站，并为每个服务站补贴 3000 元，争取早日实现全覆盖。可意网作为内蒙古自治区规模最大的农村专业化电商企业，以自有平台、自建物流、自建支付体系和"城乡双向流通""服务站创业"为特点，打通了农村牧区电商的"最后一公里"。2019 年年底入驻商家和店铺 2100 多家、注册会员 15 万人，业务范围拓展到全自治区及辽宁、吉林、黑龙江、四川等省。

2016 年以来，通辽市各地各部门认真贯彻落实市委、市政府对电子商务发展的决策部署，真抓实干，开拓创新，大力培育本土电商平台、电商企业，涌现了一批成绩突出的先进典型，为全市电子商务产业融合发展奠定了坚实的基础。根据《通辽市人民政府关于推进农村牧区电子商务发展的实施意见》（通政发〔2015〕68 号），通辽市对 2016 年度全市电子商务发展成效显著的电子商务公共服务中心、农村电商服务运营企业、传统实体企业创新转型发展、电子商务进社区企业、社群电商企业、物流快递企业、跨境电子商务龙头企业和农村电商服务站，给予表彰和适当资金补贴。引进优秀电商人才下乡指导网店经营，在农村设立电商便民服务站，招募"三农"电商经纪人电商进村驻站为村民提供代买代卖商品服务，推进网货下乡和农产品进城。2019 年年底，通辽市已在 67 个嘎查村建立了电子商务服务站，培训农牧民 500 多人次，成功开店 45 家，电子商务企业达到 70 家以上，打造了自治区级电子商务示范园区。

2017 年以来，通辽市立足自身资源优势，坚持"市场主导、政府推动、部门联动"的工作思路，大力实施"互联网＋"战略，扎实推进全市电子商务发展。大宗商品交易 B2B、线上线下 O2O、个性化 C2F、微商等电商模式日趋成熟，电商交易额再创新佳绩，全民电商创业热情和项目开发得到全面激发。

通辽市大力推进电商扶贫，进一步增强贫困地区群众通过电商创业就业的能力，建设各具特色的涉农平台，构建"农产品进城、工业品下乡"的双向商贸流通体系，依托优质丰富的农产品资源和农业龙头企业，莫力庙羊场、大林镇乌斯吐村已建成了具有当地特色的农产品线上交易平台，并依托中联 e 帮电子商务平台、农产品专业合作社建立了线上线下的智慧体验中心。科左中旗、奈曼旗等 6 个旗县先后被评为国家级电子商务进农村综合示范旗县，每个旗县获得 2000 万元的电子商务进农村综合示范县补贴资金。通辽市充分发挥电商扶贫示范点作用，以本地农业主导产业和特色产业为载体，打造一批电商扶贫示范点，培育电商特色品牌，建设了科尔沁区莫力庙羊场等 12 个电子商务示范村。此外，在实施电子商务进农村示范项目中，政策和资金重点向 22 个深度扶贫村倾斜，对已建设电子商务服务站的 10 个贫困嘎查村进一步完善提升服务功能，未建设电子商务服务站的 12 个贫困嘎查村加快建设步伐。其中，年交易额 2000 万元以上的企业 4 家；建设农村牧区电商服务系统，构建县、乡、村三级电商服务网络，普及农村电子商务应用。①

2018 年 11 月，通辽市印发了《通辽市商务局电子商务扶贫攻坚三年规划（2018—2020 年）》，加大对农牧民电商培训力度。采取集中培训及个别指导方式，使农牧民掌握电商基础技

① 中华人民共和国商务部驻天津特派员办事处：《内蒙古自治区发展农村电商助力脱贫攻坚》，2019 年 11 月 26 日，http：//tjtb. mofcom. gov. cn/article/y/shangwxw/201911/20191102916829. shtml。

能，不断提高农牧民脱贫致富的能力，培训电商人员达到 2129 人次。推动电子商务企业与农村牧区邮政公司合作，开展"万村千乡市场工程"优势资源对接，构建农畜产品进城、工业品下乡的双向流通体系。

截至 2019 年 10 月，通辽市拥有国家级电子商务示范基地 1 个、国家级示范企业 2 个、全国电子商务进农村综合示范旗县 6 个、自治区级电子商务示范基地 1 个；全市有电子商务企业 530 多家，拥有电子商务公共服务中心 6 个；建设农村电子商务服务站 3150 个。建设科尔沁区莫力庙羊场等电子商务示范村 32 个，其中电子商务扶贫村 15 个。每年培训农牧民 10000 人次以上，其中培训贫困人口 2000 人次以上。

为更好地贯彻落实《国务院办公厅关于推进电子商务与快递物流协同发展的意见》及《内蒙古自治区人民政府办公厅关于推进电子商务与快递物流协同发展的实施意见》，推动全市电子商务与快递物流协同发展水平，在通辽市邮政管理局的努力下，2018 年 10 月，通辽市人民政府办公室出台了《通辽市推动电子商务与快递物流协同发展的实施方案》，进一步完善电子商务快递物流基础设施，要求各旗县加快快递物流基础设施建设，逐步实现物流配送"最后一公里"。同时加大扶持力度，推动末端快递综合服务站点建设；优化协同发展政策法规环境，明确智能快件箱、快递末端综合服务场所的公共属性，并将智能快件箱、快递末端综合服务场所用地列入通辽市土地利用规划；推动配送车辆规范运营和便利通行，制定快递服务车辆规范管理办法，对快递服务车辆实施统一编号和标识管理。完善城市配送车辆通行管理政策，对快递服务车辆给予通行便利；提升电商快递末端服务能力，将智能快件箱纳入便民服务、民生工程，新建住宅小区按照不低于 10% 的比例安装普通信报箱，其余置换为智能快件箱，并由邮政管理部门负责验收；推动协同发展标准化智能化，力争 2020 年前，全市至少建成一个云仓项目，重点加强牛肉干云仓项目建设，推进协同运行绿色发展。①

为保证 2019 年脱贫攻坚"清零达标"专项行动任务完成，通辽市在全市农村牧区行政村建设电子商务服务站 3617 个，为农牧民提供便捷的服务。实施电子商务进农村综合示范县项目，加快农村物流网络体系建设，农村综合示范旗县科左中旗、奈曼旗、开鲁县、扎鲁特旗、库伦旗、科左后旗完成物流配送中心建设，并投入运营。整合现有中通、韵达、申通、圆通、百世汇通、邮政等物流快递资源，搭建了县、镇（苏木）、村（嘎查）三级物流配送体系，实现了区域内物流快递 48 小时送达。其中，对 4 个国贫旗县的 22 个深度贫困嘎查村加大了电商扶贫工作力度。截至 2019 年，通辽市 22 个深度贫困嘎查村电商服务站全部建成，有效地发挥了服务站的作用。加大电商培训力度，采取集中培训和个别指导的方式进行培训；加大电商扶贫的宣传力度，通过村部及电商服务站宣传电商优惠政策及帮扶活动，加深贫困户对于电商扶贫的认识和理解，进一步提高贫困户对于电商脱贫的参与度，积极拓宽贫困地区农产品流通和销售渠道，有效搭建市场对接，提高帮扶效果。

同时，通辽市政府带领电商企业科尔沁文化创意产业园走访交流，与蒙根都若马文化、草原吉祥娃等多家文化创意公司实体企业达成了多个合作意向。针对电商人才短缺的问题，园区党支部制定了《企业人才需求调查问卷》，根据问卷结果与内蒙古民族大学、通辽职业学院探讨交流；园区企业与学校已成立的兴趣小组对接，兴趣小组完成企业发包的任务，企业在任务完成的过程中挖掘人才，进而解决电商企业人才紧缺的问题。同时，为发挥党员模范带头作用，园区党支部成立党员志愿服

---

① 通辽市邮政管理局：《通辽市出台〈通辽市推动电子商务与快递物流协同发展的实施方案〉》，2018 年 10 月 15 日，http：//nmtl. spb. gov. cn/dtxx_ 1561/201810/t20181015_ 1673842. htm。

务队，并制定服务清单，开展"倡议我响应、志愿我行动"活动，组织义务劳动、电商义卖资助贫困学生等活动，如今的电商产业园、电商服务平台逐渐成为开发区乃至通辽市展示地方名特优产品的大舞台、群众与企业交流的大平台、教育引导群众干事创业的大讲台。[①]

（二）通辽市发展电子商务主要经验

近年来，为扎实做好电子商务进农村工作，让广大人民群众切实享受到互联网时代给我们生活带来的便利，通辽市以转变经济增长方式、提高综合竞争力的中心任务为目标，着力推动互联网与各行业深度融合发展，加快形成经济增长新动力，促进产业转型升级，优化发展环境，全力推进电子商务广泛应用。

1. 强化电子商务扶贫工作

成立了推进电子商务扶贫攻坚专项工作领导小组，制定了《通辽市商务局电子商务扶贫增收工作实施方案》《通辽市商务局电子商务扶贫攻坚三年规划（2018—2020年）》和《通辽市2019年电商扶贫工作实施方案》，加大对22个深度贫困嘎查村电商扶贫的工作力度，加快推进农村电商服务站建设；充分发挥电子商务产业园区及基地的示范带动、孵化辐射、创业创新等功能，为贫困地区农民工、返乡大学生创业创新、产业发展、增收节支打造服务平台。在人才服务方面，园区和园区内企业开展了大规模的推介、展示、洽谈等商务推广活动以及各类

---

① 张晶晶：《内蒙古通辽开发区："红色引擎"激发电商发展磅礴力量》，2019年11月13日，http：//grassland.china.com.cn/2019 - 11/ 13/content_ 40959096. html。

培训。

切实加强电子商务统计监测体系建设，2019年上半年园区实现企业经营情况线上填报，减少了复杂的手工统计流程，提升了数据收集准确性。园区带领相关电商企业赴郑州参加中国国际电子商务中心举办的跨境电商研究班，帮助企业找到跨境电商发展和经济转型升级路径；联合中国邮政集团在园区建立邮政代办服务中心，为企业提供优惠的快递服务，目前园区已有邮政EMS、天天快递、百世快递、申通快递4家快递企业入驻。在农村电商发展方面，可意网继续增加网站商品种类，增加合作生产厂家、拓展线上新项目，新增医疗、教育等便民服务项目，新增7个乡镇级运营中心。

通过开展电商培训，提高农牧民脱贫能力。每年不定期地组织各旗县市区党政干部、乡镇嘎查村干部、电商企业进行电商业务和电商技能等知识培训，充分调动广大农牧民接受互联网从而转变传统经营的积极性，让农牧民实现消费共享、经济共享和发展共享，积极培养具备理论知识和实践操作能力的电子商务人才，扶持开办网店，实现创业梦想。鼓励支持龙头企业积极创建电商品牌，一是推荐内蒙古科尔沁牛业股份有限公司"冷冻牛肉、鲜牛肉、牛肉深加工产品"为优秀农特产品企业；二是推荐内蒙古伊利新中农沙地农业投资股份有限公司"沙米"为重点扶持农特产品企业；三是积极打造农村电商运营平台。以农村专业合作社和乡镇为依托，逐步形成"电商平台+龙头企业+合作社+贫困村（户）+网店"的电商扶贫产业链。通过龙头企业带动和品牌创建，带动农牧民发展当地优势产业。①

---

① 通辽日报数字报：《大力推进电商脱贫攻坚》，2019年10月12日，http://epaper.tongliaowang.com/html/2019 - 10/12/content_ 241835.htm。

2. 进一步完善商贸流通体系

通辽市在巩固铁南长春欧亚、城中万达广场、新城西万力城等 6 大商业集聚区的基础上，重点培育了中国（通辽）农产品电子交易中心和中国（通辽）北方肉牛电子交易中心等电商平台，对扎旗新世纪等旗县市区重点商圈进行巩固提升，改善了区域购物环境。同时积极谋划通辽市会展中心、创建品牌会展等工作，成功举办了内蒙古（通辽）蒙医药产业博览会、2018 通辽市肉牛产业博览会暨绿色农畜产品博览会、通辽首届国际肉牛产业高峰论坛等 11 个展洽活动。中国蒙餐之都·通辽"2018 科尔沁美食文化节"，开展"中国最多家庭参与荞面拨面制作活动"，推介了通辽市餐饮品牌，提高了"中国蒙餐之都"和"中国草原肉牛之都"的知名度。完成了科左后旗科尔沁黄牛市场迁建项目、开鲁县宇田牲畜交易市场新建项目等以牛、羊为主的市场建设。通辽绿色农副特产批发市场一期项目，现已入驻商户 110 余家，运营良好。

3. 进一步提高对外开放水平

通辽市建立了外经贸工作联席会议制度，定期召开会议，研究、解决外经贸工作中的实际问题，从制度方面保障全市对外贸易、对外经济合作和外商投资持续健康发展。先后组织通辽市企业参加了俄罗斯礼品展、2018 年第三届乌兰巴托·中国内蒙古商品展览会等展会，积极引导、鼓励企业利用重点展会平台抓商机、抢订单、拓市场。特别是在加强与俄蒙合作方面，2019 年通辽市与蒙古国肯特省正式建立了友好省市关系，组织参加了"内蒙古自治区三盟市与蒙古国三省区域合作会议"第四次会议，加强了通辽市与蒙古国有关地区的经贸合作与人文交流。积极推广出口信用保险和国际贸易"单一窗口"，外贸企业出口信用保险覆盖率和"单一窗口"使用率均排在内蒙古自治区前列。积极落实报关、报检、外汇管理、出口退税等改革措施，不断优化外贸发展环境，使通辽市对外向型企业的吸引力进一步增强。加快口岸工作步伐，建设运营通辽市内陆港，打通陆海运输通道，实现了蒙东地区"无海有港、通关达海"的目标。积极推进航空口岸临时开放前期工作，为通辽市航空口岸临时开放创造条件。

4. 加快发展现代物流业

进一步强化《通辽市物流业"十三五"发展规划》引导作用，支持旗县市区编制物流园区建设详细规划。鼓励支持旗县市区规划建设综合物流园区和特色物流园区，加快主城区和旗县市区物流业的协调发展。推进主城区开发区综合物流园区、科尔沁现代物流园区、通辽空港物流园区、木里图工业园区和内蒙古东部煤炭交易中心五大物流平台建设；全力开展通辽保税物流中心申报建设工作。通辽多式联运海关监管中心项目正在建设中，木里图工业物流园区成功开行返程中欧班列，具备了双向稳定开行中欧班列的基础条件。科尔沁区蒙王医药物流园二期项目、空港物流园申通快递分拣中心项目进展顺利，内蒙古东部煤炭交易中心一期主体工程完成，已投入运营。推动重点领域产业与物流融合发展，构建全产业链物流服务体系，促进相关产业发展要素深度融合，重点推动铝业物流、煤炭物流、涉农物流、商贸物流等优化整合和转型升级。

5. 以全国电商进农村综合示范旗县项目建设为抓手，推动农村电商发展

利用全国电商进农村综合示范旗县项目资金，完善旗县市区电子商务公共服务中心功能，加快贫困地区农村电子商务服务站建设，促进生产资料、生活用品下乡，农畜产品、土特产品进城，为贫困地区和贫困户提供方便快捷的服务。通辽市6

个电子商务进农村示范旗县加大了电商扶贫资金投入力度，加快了贫困地区电子商务运营中心、物流配送中心和农村电子商务服务站建设步伐，开展电商培训，提高了农牧民脱贫能力。为贫困村民提供农资农产品代购、代销业务，收发快件和生活必需品下乡、代种代养等服务，解决了贫困地区物流配送"最后一公里"问题。

6. 积极创建电子商务示范村

选择"有一定产业基础和广大农牧民产业参与度较高"的村作为试点，重点打造农村牧区电子商务示范村，配套建设物流仓储和配送服务中心，突破农村牧区网络基础设施、电子商务操作和物流配送等瓶颈制约，建立健全覆盖农牧业生产、流通、销售全过程和农牧民日常生活消费的农村牧区电子商务服务体系。通过示范村，带动其他具有"一村一品"特色和产业基础的村大力发展电子商务，有效解决农牧民日常生活消费品"引进来"和农村牧区绿色鲜活产品"走出去"的难题。截至2019年，通辽市建有"散养鸡""多肉植物""奶制品""葡萄""柳编""扶贫鸽"等32个电子商务示范村。

通辽市电子商务在取得成绩的同时也存在一定的问题：一是农村电商服务站点服务能力有待提升；二是农村电商物流网络体系建设不完善，订单量比较小；三是电商培训的时效性、针对性不够强。通辽市电子商务下一步将提升农村电商服务站功能，进一步发挥电商服务站的作用，促进农产品上行和工业品下乡，特别是给农牧民提供购进生产、生活资料便捷优质的服务，促进贫困户增收节支。加快农村物流网络体系建设，尤其是贫困偏远地区的物流网络体系建设，解决农村物流配送"最后一公里"的问题，重点是加快22个深度扶贫村电商服务站建设工作。进一步加大电商培训力度，采取集中培训和个别指导的方式进行培训，使农牧民了解和掌握电商基础技能，支持贫困村农牧民开设网店，不断提升农牧民脱贫致富的能力。强化电商扶贫示范点功能，不断开拓扶贫新思路，坚持因地制宜、分类指导，制定相应的措施，采取有针对性的帮扶政策和办法，进一步总结和学习其他地区扶贫攻坚的先进经验和做法，引进和吸纳可复制、可推广的扶贫工作模式和做法，带动通辽市贫困地区、贫困户脱贫致富。

电商产业扶贫是打赢脱贫攻坚战的重要途径，通辽市将依托全国电子商务进农村综合示范旗县项目，继续健全电商扶贫机构网络，培育农产品品牌上行运营，加快电商服务站建设，加大电商人员培训力度，引导贫困群众融入电商产业链条，促进电子商务与扶贫领域深度融合，逐步提高贫困群众网销热情，实施网销脱贫工程，实现贫困地区、贫困村、贫困户与先进生产要素和经济动力的有效对接，使政府、企业与贫困群众同向发力，推进全市脱贫攻坚进程。

四　通辽市推进生态产业
助力精准扶贫

党中央、国务院高度重视生态环境保护与建设工作，采取了一系列战略措施，加大了生态环境保护与建设力度。一些重点地区的生态环境得到了有效的保护和改善，但由于中国人均资源相对不足，地区差异较大，生态环境脆弱，部分地区生态环境恶化的趋势仍未得到有效遏制。生态扶贫是将生态保护与扶贫开发相结合的一种扶贫工作模式，坚持扶贫开发与生态保护并重，采取超常规举措，通过实施重大生态工程建设、加大生态补偿力度、大力发展生态产业、创新生态扶贫方式等，切实加大对贫困地区、贫困人口的支持力度，推动贫困地区扶贫开发与生态保护相协调、脱贫致富与可持续发展相促进，使贫困人口从生态保护与修复中得到更多实惠，实现脱贫攻坚与生态文明建设"双赢"。

2015年10月，习近平主席在减贫与发展高层论坛上首次提出"五个一批"的脱贫措施。"生态补偿脱贫一批"是脱贫攻坚"五个一批"措施之一，主要通过公益林生态效益补偿、实施退耕还林、聘用贫困户担任生态护林员、发展林业产业等形式实施，有效增进了扶贫与生态效益的融合，是推进生态修复和保护的有力抓手，更是生态功能区实现脱贫、持续稳定增收的重要途径。

2018年1月18日，国家发展改革委、国家林业局、财政部、水利部、农业部、国务院扶贫办六部委印发共同制定的《生态扶贫工作方案》，部署发挥生态保护在精准扶贫、精准脱贫中的作用，要求到 2020 年，贫困人口通过参与生态保护、生态修复工程建设和发展生态产业，收入水平明显提升，生产生活条件明显改善。

党的十九大提出了乡村振兴战略，《中共中央　国务院关于实施乡村振兴战略的意见》指出，"让农业成为有奔头的产业，让农民成为有吸引力的职业，让农村成为安居乐业的美丽家园"，"到 2050 年，乡村全面振兴，农业强、农村美、农民富全面实现"。千里之行，始于足下。由脱贫攻坚战到全面实现乡村振兴战略的目标任务，需要绿色引领，走出一条绿色发展的乡村振兴之路。

（一）通辽市发展生态产业扶贫概况

习近平总书记在参加十三届全国人大二次会议内蒙古代表团审议时强调，保持加强生态文明建设的战略定力，探索以生态优先、绿色发展为导向的高质量发展新路子，加大生态系统保护力度，打好污染防治攻坚战，守护好祖国北疆这道亮丽风景线。内蒙古生态状况如何，不仅关系全区各族群众生存和发展，而且关系华北、东北、西北乃至全国生态安全。

把内蒙古建成我国北方重要生态安全屏障，是立足全国发展大局确立的战略定位，也是内蒙古必须自觉担负起的重大责任。要探索以生态优先、绿色发展为导向的高质量发展新路子。要贯彻新发展理念，统筹好经济发展和生态环境保护建设的关系，努力探索出一条符合战略定位、体现内蒙古特色，以生态优先、绿色发展为导向的高质量发展新路子。要坚持底线思维，以国土空间规划为依据，把城镇、农业、生态空间和生态保护红线、永久基本农田保护红线、城镇开发边界作为调整经济结构、规划产业发展、推进城镇化不可逾越的红线，立足本地资源禀赋特点、体现本地优势和特色。①

自 2011 年国家启动实施草原生态保护补助奖励政策以来，已覆盖内蒙古 10.2 亿亩天然草原，其中禁牧 4.05 亿亩，草畜平衡 6.15 亿亩，146 万户、534 万农牧民从中受益，草原生态持续好转，农牧民收入明显提高，草原畜牧业稳定发展。截至 2017 年年底，内蒙古人工种草 3456 万亩，连续 3 年稳定在 3000 万亩以上；主要牧区旗县全部建立了牧草应急饲草储备库，常年青干草储备能力达到 140 亿公斤左右。内蒙古已利用补奖资金在 17 个旗县实施草牧业试验试点项目，通过开展天然草原生态修复、基础设施建设等，逐步实现改善草原生态、提升牧草供给、生产优质高效畜产品、培育新型经营主体的目标。此外，结合精准扶贫政策，补奖政策向 44 个贫困旗县进行倾斜，涉及资金 29 亿元，实现了"生态补偿脱贫一批"的目标。同时，随着政策的深入实施，农牧民的草原保护意识实现了从"要我保护"向"我要保护"转变。

20 世纪，通辽市由于长期干旱少雨加上大量垦牧而沙化，科尔沁沙地几近覆盖全市 1/3 的土地面积，是京津冀风沙的主要源头之一，仅流动沙丘一度就多达 2000 万亩，沙土面积最高达到 4086 万亩，占全市总土地面积的 45.5%，生态状况极为脆弱，生态保护任务十分艰巨。1978 年，中国启动三北防护林体系建设，开中国生态工程建设先河，40 多年来打造了 3000 多万公顷人工林，中国北疆筑起一道抵御风沙、保护水土的绿色长城。

近年来，通辽市紧紧抓住国家实施西部大开发的战略机遇，

---

① 新华社：《习近平：改善环境民生建设生态文明迫切需要打好污染防治攻坚战》，2019 年 12 月 12 日，http：//www.cssn.cn/jjx_ lljjx_ 1/lljjx_ hjjjx/201912/t20191212_ 5058106.html。

依托三北防护林、防沙治沙、退耕还林等一系列国家重点生态建设工程，加快推进防沙治沙步伐，采取治沙造林、围封禁牧、搬迁转移人口、建设封禁保护区、退耕还林还草等措施。在具体工作中扎实推进科尔沁沙地"双千万亩"综合治理工程，让树进城、入村、上路，推进城乡村绿化一体化，坚持把造林绿化重心放在群众生产、生活、出行的周边环境上，采取有效措施，因地制宜、适地适树、见缝插绿，查缺补漏，补足短板，在绿化点、线、面上下功夫，切实增强绿化空间的连续性。

党的十八大以来，通辽市按照"生态补偿脱贫一批"的要求，充分发挥生态保护在扶贫开发中的作用，立足草原生态环境保护与通辽市经济发展的实际，积极发挥全市林业部门的行业优势，将林业生态扶贫作为一项重要任务进行研究部署，编制印发了《全市林业生态扶贫三年规划》和《2018年度实施方案》，在实施绿色发展的过程中消除贫困，在减贫治理中保护生态环境，使贫困人口从生态保护中获得实惠，最终实现脱贫攻坚与保护环境的双赢。通辽市深入贯彻落实习近平总书记生态文明思想，坚守生态保护底线、推动绿色发展的重要载体，统筹山水林田湖草沙系统治理，不断完善生态环境。按照"北保护、中节水、南治沙"的发展思路，全力实施千万亩农业高效节水、千万亩草原修复、千万亩天然草原现代畜牧业示范和千万亩科尔沁沙地综合治理"四个千万亩"工程。积极构建多元化生态保护补偿机制、实行禁牧与草畜平衡制度、启动实施草原生态保护补助奖励政策，逐步恢复草原生态功能和生产力。按照产业扶贫的要求，对适合发展果树经济林条件的贫困地区给予政策性倾斜，注重贯彻绿色发展理念，坚定不移地推进绿色循环发展，加强生态修复和建设力度，引导贫困地区在保护生态环境的过程中稳定增加收入，在脱贫致富的过程中增强保护生态环境的自觉性，守住绿水青山的美丽家园。

2017年，通辽市按照《内蒙古自治区森林、湿地、物种和沙区植被生态保护红线划定技术方案和工作方案》的要求，制定切实可行的林业生态保护红线划定工作方案，逐步划定森林、湿地、物种、沙区植被"四条红线"，将全市90%以上的林业生态建设工程任务集中向重点贫困地区倾斜。2018年，通辽市优先向6个贫困旗县安排三北防护林工程、新一轮退耕还林工程建设资金1.79亿元。认真落实林业生态扶贫政策，通过选聘护林员，为贫困人口提供生态公益岗位，在4个国贫旗县建档立卡贫困户中选聘生态护林员1500名，每人每年工资性收入1万元，家庭人均增收3235元。同时加大对全市22个深度贫困地区的帮扶力度，组织林业专业技术人员深入贫困地区，通过集中授课、现场培训等方式，以经济林栽植和林木种苗繁育等林业实用技术培训为重点，培训贫困人员5000人次；重点在6个贫困旗县、以贫困户为重点建设锦绣海棠、沙棘等为主的果树经济林10余万亩，带动贫困户近5000户。① 通过这些措施，取得了"人进沙退"的良好成效，使通辽市森林覆盖率和草原植被盖度分别由40年前的几个百分点提高到现在的23.3%和近60%，科尔沁沙地在全国四大沙地中率先实现治理速度大于沙化速度的良性逆转，流动沙丘占比已从30%下降到不足1%。

2019年，通辽市创新推行"生态＋林产业＋贫困户"林业生态扶贫模式，着力推进生态补偿扶贫、国土绿化扶贫、生态产业扶贫，加快贫困群众脱贫致富步伐。在全市22个深度贫困地区，每个村安排20万元林业生态建设资金，重点支持发展以庭院果树、林木种苗等为主的林业产业，2019年已建成果树经济林10万亩，带动贫困户近5000户，人均增加经营性收入3000元以上。

---

① 通辽日报：《我市推进林业生态扶贫实现"绿富"双赢》，2019年8月31日，http：//www.tongliao.gov.cn/tl/tlyw/2019－08/31/content_ce028a6d56d04ecdbacadca3ff630cf2.shtml。

（二）通辽市打造科左后旗生态扶贫模式

2019年5月15日，"2019全球减贫伙伴研讨会"在意大利罗马举行，会上公布了首批24个"全球减贫案例征集活动"最佳案例，通辽市科左后旗"生态修复促扶贫"就是其中之一。近年来，通辽市全面贯彻习近平总书记"绿水青山就是金山银山"的发展理念和考察内蒙古时提出的"建设祖国北方重要生态安全屏障"指示精神，坚持生态优先、绿色发展，按照通辽市委"北保护、中节水、南治沙"和"四个千万亩"生态治理部署要求，坚守"生态、发展、民生"三条底线，实施生态建设战略和生态扶贫的工作部署，坚定不移推动绿色发展，强化资金整合力度和投入方式创新，进一步加大生态建设保护和修复力度，探索生态益贫机制，释放生态红利，促进贫困人口在生态建设保护修复中增收致富。

科左后旗位于内蒙古自治区通辽市东南部，地处东经121°30′—123°42′、北纬42°40′—43°42′。东北部与吉林省双辽市接壤，东部和南部与辽宁省彰武、康平、昌图县相邻，西部和北部与库伦旗、奈曼旗、开鲁县、通辽市和科左中旗相连。总面积为11500平方公里，总人口为40.11万人。科左后旗辖12个镇、2个乡、10个苏木：甘旗卡镇、金宝屯镇、吉尔嘎朗镇、常胜镇、伊胡塔镇、查日苏镇、散都镇、阿古拉镇、努古斯台镇、朝鲁吐镇、海鲁吐镇、胜利镇、向阳乡、双胜乡、海斯改苏木、公河来苏木、浩坦苏木、巴雅斯古楞苏木、巴嘎塔拉苏木、额莫勒苏木、阿都沁苏木、茂道吐苏木、乌兰敖道苏木、巴彦毛都苏木。除东部有少量的辽河冲积平原外，其余为垄状沙丘、平缓沙地、丘间挂地等组成的沙丘沙地地貌类型，陀甸相间交错，沙丘连绵起伏，洼地纵横分布。

科尔沁沙地总面积为518万公顷，是中国面积最大、人口密度最高的沙地，横跨内蒙古、吉林和辽宁三省区。其中内蒙古通辽市地处科尔沁沙地腹地，沙地覆盖了通辽市近1/3的土地面积，是京津冀风沙的主要源头之一，仅流动沙丘一度就多达2000万亩，其中52.7%位于通辽市，是全国土地沙化最严重、生态环境最脆弱的地区。科左后旗位于科尔沁沙地东南部，是科尔沁沙地主要组成部分，土地沙化率一度高达80%，靠天吃饭，土地薄，收入更薄。1977年，全旗沙化土地面积为113万公顷，大片牧场沙化、草甸地盐碱化，森林覆盖率仅5.1%，每公顷农田粮食产量远低于全国平均水平，农牧业人均纯收入仅为83元/年，群众生活水平远远低于当时全国和三北地区人均水平，被列为国家级贫困旗县（市）。为了守住家园、摆脱贫困，2014年，通辽市科左后旗对全旗1.15万平方公里土地开始进行系统规划、合理布局，实施大规模综合治理。

1. 创新造林机制，大规模修复生态环境

2014年，通辽市开始实施"生态修复促扶贫"双千万亩生态修复工程、科左后旗双百万亩集中治理区、金宝屯镇万亩榛子经济林基地、东大荒百万亩农防林项目等6项重点工程，用新发展理念修复保护草原，开展了人工造林、封禁保护、飞播造林种草、退耕还林等工程，引导农牧民转变经营方式，退牧还草、为养而种，向绿色发展要效益，减轻草原承载压力，让生态系统修复与贫困人口增收相结合，实现了绿色可持续发展，贫困农牧民通过参与生态修复工程实现了脱贫增收。在沙化地带建设人工网格沙障，周边栽植杨树或樟子松形成锁边林带，并在网格内栽植锦鸡儿、紫穗槐等树种进行固沙，辅以封育措施，逐步恢复林草植被形成稳定的生态群落，在草牧场和天然林破坏严重区域实行封禁保护，通过建设围栏和人工巡护等措施加以保护。待植物初步恢复后，让退化草牧场和天然林休养生息、自然恢复，加快生态系统的恢复进程。通过近自然林、

退耕还林、封山育林、飞播造林、退化沙化草牧场治理等九类模式，采取专业施工、保活造林等措施，实施大规模连片治理，每年以百万亩的速度快速推进。2014—2018 年，累计完成综合治沙 516 万亩，围封禁牧沙化草牧场 805 万亩，设立自然保护区、封禁保护区 17 个、203 万亩，实施村屯绿化 858 个，通道绿化 1800 多公里，全旗森林覆盖率提高到 22%，土地沙化退化现象得到有效遏制。

2. 依托自然资源，搞活生态文化旅游产业

实施"全域、四季、旅游＋"发展战略，依托沙漠、草原等自然资源，着力打造大青沟地质公园、"一带一路"敖包相会主题小镇、乌旦塔拉七彩园林等景区景点，成功举办敖包相会主题活动、骑手大会、国际枫叶节等大型节庆活动，带动农牧民群众参与旅游产业增收。科左后旗车家村开发建设草甘沙漠旅游区，带动 33 户贫困户、117 人整体脱贫，被评为全国乡村旅游重点村。2019 年 1—6 月，全旗共承接游客 62.3 万人次，同比增长 7.9%，实现旅游综合收入约 5.48 亿元，同比增长 9.2%。科左后旗还在沙漠原始森林生态系统、湿地草原生态系统集中地区设立 17 处自然保护区，占全旗总面积的 11.8%，90% 以上的珍稀濒危野生动植物和典型的生态系统得到有效保护，物种总数增加到 709 种。2009—2019 年，仅科左后旗就有 88 万公顷沙化土地得到有效治理，森林面积增加到 24 万公顷。通过实施退耕还林还草、建设饲草料基地、推广经济作物等工程，科左后旗大力发展肉牛、林果、药材和旅游产业，使农牧民群众获得可持续收入。

3. 建立益贫机制，带动群众参与促增收

与此同时，科左后旗还将治沙与脱贫致富结合起来，一方面采取人工造林、封禁保护、飞播种草、退耕还林、禁牧舍饲

等措施，进行大规模生态修复建设；另一方面从土地流转、苗木培育、务工管护、板材加工、产业发展等各个环节挖掘经济潜力，为贫困人口创造就业、带来收益，让沙地增绿、群众增收，实现生态效益与经济效益双赢。为增加农牧民的经济收入，科左后旗组织动员农牧民将严重沙化土地协议流转给国有林场和苗圃，统一进行苗木培育、造林绿化，共流转造林土地1720公顷。按照流转每公顷土地给予农牧民462元计算，2452名农牧民年人均增收324元。还吸纳贫困农牧民进入造林企业务工或参与苗木起运、树木栽植、抚育管理等工作，使2134名沙区农牧民年人均增收6161元，410名贫困人口获得生态护林员稳定收益，年人均收益10265元。2014年以来，全旗累计建成林果基地13.5万亩、蒙中草药材种植采收基地50万亩，新增牧草面积120万亩，聘用410名贫困群众为生态护林员，人均工资1万元，及时落实兑现生态奖补政策，年均发放各类生态补贴资金6.2亿元。

科左后旗鼓励农牧民利用退耕还林还草地块、采伐更新迹地、庭院周边等地，种植优质牧草和药材，栽植大果榛子、锦绣海棠等经济林，以结构调整促进增收，让农牧民真正享受到了生态红利。2020年，全旗完成科尔沁沙地综合治理88万公顷，林草覆盖度达到80%以上。与此同时，生态修复带动贫困户增收1.04亿元，贫困人口年人均增收738元，使全旗3万多农牧民人均收入从2387元增长到5553元，森林面积增加到24万公顷，沙地治理项目区内粮食单产增幅最高达81%，牧草单产增幅最高达50%，建成绿化景观带500多公里，实施高效节水工程65万亩，扶持5462户贫困户发展浅埋滴灌11.7万亩，每亩增收200元左右。

生态建设也在不断将当地沙区农牧民的土地资源转化为生态资源资产，持续释放生态红利。随着森林蓄积量逐年递增，当地仅木材加工产业每年创造的产值就超过654万美元，年人均增收 44.1 美元。如今，科左后旗已形成集肉牛养殖、屠宰、加工、销售于一体的全产业链；以 2000 公顷果树基地、2000 公顷木本油料基地、4667 公顷林板一体化基地等为代表的经济林果产业创造产值近 300 万美元，惠及 1.2 万户农牧民；在适合药材生长的沙坨地建设 33334 公顷蒙中草药材种植采收基地，企业与种植户签订收购合同，销售有保障；依托传统村落民居，发展集生态观光、娱乐休闲、运动养生于一体的美丽乡村旅游，带动贫困群众获得可观的经营性收入。经过几代人的努力，科左后旗沙化土地面积从 1977 年的 1688 万亩（约合 113 万公顷）减少到 2017 年的 815 万亩（约合 54 万公顷），全旗 51.7% 的沙漠化土地得到了治理，森林覆盖率由 1977 年的 5.1% 提高到 2017 年的 21.68%，在世界荒漠化日趋严重的情况下实现了由"沙进人退"到"绿进沙退"的历史性转变。[①] 2019 年 4 月 19 日，内蒙古自治区政府网发布公告：通辽市科左后旗正式退出国家级贫困旗县（市）序列。

未来，通辽市还将进一步统筹山水林田湖草沙系统治理，依托并发挥贫困地区生态资源禀赋优势，选择与生态保护紧密结合、市场相对稳定的特色产业，将资源优势转化为产业优势、经济优势，在保护生态的基础上，精心为贫困地区和贫困群众打造生态产业，把生态优先、绿色发展理念贯穿高质量发展全过程，推动产业生态绿色化、生态绿色产业化，涵养科尔沁草原花鲜、草香、水美、沙靓。

---

① 中国草原：《从飞沙漫天到草木丰茂：科尔沁沙地上的"绿色奇迹"》，2019 年 8 月 21 日，https://www.sohu.com/a/335423789_745331。

五 通辽市大力发展民族教育助力精准扶贫

世界银行的研究结果显示，以世界银行的贫困线为标准，如果家庭中的劳动力接受教育年限少于 6 年，则贫困发生率大于 16%；若将接受教育年限增加 3 年，则贫困发生率会下降到 7%，若接受教育年限为 9—12 年，则贫困率下降到 2.5%；若接受教育年限超过 12 年，则几乎不存在贫困的状况。教育程度的变量同样反映在平均收入的结果上，随着劳动者平均受教育年限的促进，从 6 年促进到 6—9 年、9—12 年，再到长于 12 年，平均收入指数从 100 分别上升到 130、208、356。[①] 多年以来，中国部分贫困地区所表现出来的家庭教育生态贫困现象严重，尤其是在"老少边穷"地区，由于没有文化、没有技术，劳动者普遍存在"打工没技术，创业没思路，务农没出路"的状况。教育是推动社会发展的最重要的生产力；也是受教育者提高自身发展能力和生活水平的最有力的工具。

党的十八大以来，教育部采取超常规政策举措，精准聚焦贫困地区教育，启动实施教育扶贫全覆盖行动，先后组织实施了 20 项教育惠民政策措施，实现了贫困地区义务教育普及、学

[①] 包晓光、张贵勇：《教育扶贫的价值和路径》，《光明日报》2018 年 8 月 28 日第 13 版。

校基础设施建设、学生资助体系、教师队伍建设、民族教育发展和职业教育提升等领域的教育扶贫全方位覆盖。

（一） 通辽市民族教育发展概况

党的十八大以来，民族教育事业得到党和国家的更多关注和高度重视，中央财政对民族教育投入大幅增加，特别是中央财政转移支付和重大教育项目实施继续向民族地区倾斜，教育对口支援力度不断加大，民族教育事业得到长足发展，民族地区教育整体发展水平和主要指标与内地的差距不断缩小。

民族教育是少数民族教育的简称，是指对汉族以外的其他55个少数民族实施的教育，是中国教育的一个重要组成部分。改革开放以来，党和政府高度重视民族教育，根据不同历史阶段各少数民族和民族地区的实际，提出了不同时期发展民族教育的目标、方针、任务，并制定了一系列发展民族教育的政策、措施，逐步建立起比较完整的具有民族特点的教育体系，目前已形成了学前教育、基础教育、职业教育、成人教育、高等教育在内的较为合理的民族教育体系，为加强民族团结，促进经济发展和社会进步等方面做出了重大贡献。

2010年颁布的《国家中长期教育改革和发展规划纲要（2010—2020年）》提出："大力推进双语教学。全面开设汉语文课程，全面推广国家通用语言文字。尊重和保障少数民族使用本民族语言文字接受教育的权利，全面加强学前双语教育。"强调尊重和保障少数民族使用本民族语言文字接受教育的权利，国家坚定不移地依法推进少数民族双语教育，开启了民族地区少数民族双语教育模式由以民族语为主的一类模式向以国家通用语为主的二类模式的重大转变；"推动党的民族理论和民族政策、国家法律法规进教材、进课堂、进头脑，引导广大师生牢固树立马克思主义祖国观、民族观、宗教观，不断夯实各民族大团结的基础,增强中华民族自豪感和凝聚力。"①

　　2015 年 8 月发布的《国务院关于加快发展民族教育的决定》(以下简称《决定》)要求依据法律,遵循规律,结合实际,坚定不移推行国家通用语言文字教育,确保少数民族学生基本掌握和使用国家通用语言文字,少数民族高校毕业生能够熟练掌握和使用国家通用语言文字。国家通用语言文字教育基础薄弱地区学前教育阶段基本普及两年双语教育,义务教育阶段全面普及双语教育。《决定》明确到 2020 年民族地区教育整体发展水平及主要指标接近或达到全国平均水平,逐步实现基本公共教育服务均等化。民族地区学前两年、三年毛入园率分别达到80%、70%;义务教育学校办学条件基本实现标准化,九年义务教育巩固率达到95%,努力消除辍学现象,基本实现县域内均衡发展,中职免费教育基本实现;高等教育入学机会不断增加,高考录取率不断提高,学科专业结构基本合理,应用型、复合型、技术技能型人才培养能力显著提升。

　　2016 年 11 月 1 日,《内蒙古自治区民族教育条例》施行,规定各级各类民族学校应当使用本民族语言文字或者本民族通用的语言文字进行教学,重点发展民族学校的双语教学工作。同时对蒙古语授课为主加授汉语的民族学校学生,实行"中国少数民族汉语水平等级考试"制度;对汉语授课为主加授蒙古语的民族学校和开设蒙古语文选修课的普通学校学生,实行"蒙古语文应用水平等级考试"制度。高等学校设置适应经济社会发展的学科专业,培养研究型、创新型、应用型少数民族优秀人才和蒙汉兼通的高素质人才。

　　通辽市认真落实优先重点发展民族教育的方针政策,积极采取有效措施,促进民族教育内涵发展,提升民族教育教学质

---

① 万明钢、海路:《新中国成立 70 年少数民族教育发展的回顾、反思与展望——万明钢教授专访》,《民族教育研究》2019 年第 4 期。

量，解决民族教育改革与发展中存在的特殊问题，推进民族教育全面发展，使民族教育发展走上快车道。

通辽市蒙古语授课高中教育研究年会始于 2010 年，每年秋季召开；全市蒙古语授课义务教育阶段学校教育研究年会始于 2011 年，每年春季召开。年会紧紧围绕新课程改革，积极探索适合本地区民族教育发展的有效途径和方法，以全面提高教育教学质量，培养更多适应社会需要、具有创新意识的民族人才为主旨，促进全市蒙古语授课学校校际交流。民族中小学的年会活动，在教育教学、民族文化进校园和学校管理方面取得了实效。一是通过校长论坛，就学校管理、特色办学、课堂教学等方面，校长们进行充分交流，促进了校长队伍整体素质的提升。二是通过开展"同课异构"、专家点评、专家讲座等新课改研究活动，全面推广和普及"有效教学""高效课堂"的途径和方法，有力地促进了新课程改革的步伐。三是以民族文化为切入点，通过特色班教学、校本课程研究成果展示，努力创建特色学校，全面推进素质教育。通过年会活动，从小学到高中的蒙古象棋、搏克、马头琴、四胡、蒙古舞、版画、蒙文书法、蒙古长调、科尔沁民歌、刺绣等特长班体系逐步形成，为培养、造就传承和弘扬民族文化艺术人才奠定了坚实的基础。四是推广了由学生自编自导自演的课堂情景剧的主题班会形式，这种学生的自我教育模式对塑造学生优秀的人品、人格，树立正确的世界观、人生观和价值观具有一定的实效性，是德育教育的有益尝试和探索。为鼓励蒙古族家庭为孩子选择蒙古语授课，更好地落实民族政策，通过市委、市政府决定从 2013 年春季起，对全市蒙古语授课学前儿童补助管理费和保育费，每生每年 1000 元；对户籍所在地农村牧区新建 213 所公办幼儿园就读的幼儿每人每月免除 300 元保教费和管理费；小学、初中分别由原来的每生每年 500 元、700 元提高到每生每年 700 元和 800 元。自 2011 年始，通辽市本级设立了每年 300 万元的民族教育专项补助资金。从 2013 年起各旗县市区均设立了民族教育专项补助资金，资金总额为 556 万元。

按照内蒙古自治区要求，从 2015 年上半年开始，执行新的教育布局调整政策。经过一系列的调研、制定、论证等，最终形成了《通辽市义务教育学校布局专项规划》。根据规划，到 2017 年全市农村牧区义务教育学校达到 882 所，增加 92 所，小学、初中服务半径分别缩小到 9 公里、16 公里，能够基本满足农牧民子女就近、就地入学的需求。少数民族学校前三年教育普及率达到 90%，高于全市平均水平，争取在全区处于领先地位；义务教育阶段民族中小学"两基"巩固提高工作处于全区先进行列，巩固率要达到 95%；到 2017 年全面实现义务教育学校标准化；到 2020 年基本实现县域内义务教育均衡发展；少数民族高中阶段教育的办学水平稳步提高。高标准普及蒙古语授课高中阶段教育；民族学校校长队伍整体水平和双语教师教学能力全面提高；建立健全校长、教师交流轮岗制度和短缺学科教师补充机制，旗县区域内蒙古族中小学校长和专任教师由当地教育行政部门统一管理和调配；有序开展民族教育领域内的教学研究、教育联盟协作交流和特色学校建设活动。加强民族职业教育，组织开发蒙古语授课教材、培养蒙古语授课教师和民族技术技能型人才、开设蒙古语授课专业，增强蒙古族学生创业、就业和升学能力。[①] 正如习近平总书记强调"培养什么人，是教育的首要问题"，民族地区更要在坚定学生理想信念、厚植爱国主义情怀、加强品德修养、增长知识见识、培养奋斗精神、增强综合素质上下功夫，将立德树人融入教育全过程，引导民族地区师生积极培育和践行社会主义核心价值观，牢固

---

① 中国网新闻中心：《通辽市民族教育发展走上快车道》，2017 年 2 月 26 日，http：//news. china. com. cn/live/2017 - 02/28/content_ 37884662. htm。

树立维护民族团结和国家统一的思想意识。

"十二五"期间，按照内蒙古自治区教育厅民教处的分配指标，通辽市有480人次参加国家和自治区级校长研修班、378人次参加自治区级班主任培训、2800人次参加自治区级各学科教师培训，先后培训了240名园长及保教主任、220名学前骨干教师、150名中小学数学教师。聘请蒙古国著名学前教育专家主讲了幼儿园管理、学前教育理论，同时聘请全区颇具影响的园长、幼儿教师举办讲座、讲示范课。通过培训，受训学员对新时期的办园方针、办园理念有了比较深刻的认识，为蒙古族幼儿园的发展和蒙古族儿童的快乐健康成长奠定了坚实的基础。

为促进民族教育的区域合作、人才交流，全面提升全市民族教育办学质量，从而实现教育均衡发展和教育公平，市教育局研究决定开展创建民族教育联盟活动。目前，全市共有33个民族教育联盟，涵盖了全市所有民族学校、幼儿园，正在积极地开展教育教学方面的合作，为促进区域均衡发展发挥了积极的作用。通辽市民族教育事业快速发展，取得了显著成绩，教育规模不断扩大，办学条件明显改善，教师队伍素质稳步提升，学校民族团结教育广泛开展，双语教育积极稳步推进，教育教学质量不断提高，培养了一大批少数民族人才，为加快民族地区经济社会发展、维护祖国统一、促进民族团结做出了重要贡献。

通辽市优先发展民族教育，为培养少数民族优秀人才打好基础。一是扎实开展"双语"教育。各个民族中小学以本民族语言授课为主，同时开设一门汉语文课程。目前，做到了学前教育阶段培养幼儿学习蒙古语语言能力和增强学习汉语兴趣，义务教育阶段基本掌握蒙古语言文字和汉语言文字，高中阶段熟练应用蒙汉双语。二是不断强化理科教学。以内蒙古自治区教育厅部署的"蒙汉双语授课义务教育阶段学校理科教学质量提升计划"为载体，大力推进理科课堂教学改革，加大科技活动室、实验室等硬件建设，强化对学生科学素养和创新精神的培养，着力提升学生理科学习的兴趣和效率。三是积极推进文化传承，组织各学校将民族文化传承项目与学校的特色项目结合，形成了从小学到高中，课内、课外相结合的民族文化传承体系，使民族学校的办学水平得到进一步提升。四是进一步推动民族教育工作，加大投入、落实政策，加强民族学校特色文化建设，积极改善民族学校办学条件，不断优化民族学校教师队伍结构，为民族教育发展提供强有力的保障。

（二）通辽市教育扶贫政策及成就

为补齐教育短板，中共中央、国务院印发的《中国教育现代化2035》和中共中央办公厅、国务院办公厅印发的《加快推进教育现代化实施方案（2018—2022年)》两个重要文件，都强调实现基本公共教育服务均等化，前者提出"到2035年实现优质均衡的义务教育"，后者要求"教育改革发展成果更公平地惠及全体人民"。按照中央要求，通辽市把教育扶贫作为当前和今后一个时期的首要政治任务和头等大事，通过扶贫与扶智有机结合，实现"输血"式扶贫向"造血"式扶贫的转变，提高认识、明确思路、精准施策、真抓实干，全力打好教育扶贫"组合拳"，完成"发展教育脱贫一批"的重要任务。

1. 完善教育扶贫资助政策

制定出台《通辽市关于对全市建档立卡贫困家庭在校生实行就学补助的具体意见》，坚持全覆盖、应助尽助原则，明确建档立卡贫困家庭在校小学生、初中生、高中生、中职学生和非低保建档立卡贫困家庭在校本、专科学生补助标准、方式及流程，确保贫困家庭子女顺利完成学业，有效阻断贫困代际传递。贫困代际传递就是指贫困以及导致贫困的相关条件和因素，在家庭内部由父母传递给子女，使子女在成年后重复父母的境遇——继承父母的贫困和不利因素并将贫困和不利因素传递给后代这样一种恶性遗传链；也指在一定的社区或阶层范围内贫困以及导致贫困的相关条件和因素在代际延续，使后代重复前代的贫困境遇。①

2. 实施农村牧区义务教育学生营养改善计划

落实《通辽市农村牧区义务教育学生营养改善计划自治区试点工作实施方案》，在科左中旗、科左后旗、库伦旗、奈曼旗四个国贫旗县开展试点，覆盖所有农村牧区义务教育阶段学校，在校生均享受国家和内蒙古自治区现行补助政策，补助资金由内蒙古自治区和市（旗、县）按照5∶5比例分担。

3. 加强中小学基础建设

全面改善义务教育薄弱学校办学条件，筹措资金新建（扩建）一批农村牧区学校教师周转宿舍，支持旗县教育均衡发展项目。在有实际需求的贫困嘎查村新建（改扩建）公办幼儿园和普惠性民办幼儿园，实施学前教育三年行动计划。

4. 培养壮大乡村教师队伍

选聘城镇优秀教师到贫困乡村支教。参与"内蒙古自治区免费定向师资培训计划"，统筹城乡义务教育学校编制标准，落实提高乡村教师晋升高级专业技术岗位比例政策。按照相关政策实施国家"农村牧区义务教育阶段学校特设岗位计划"，加大乡村教师的招聘力度。严把乡村教师入口关，从源头上保障新

---

① 李晓明：《湘桂黔边山区少数民族农民贫困代际传递问题研究——以通道侗族自治县为个案》，硕士学位论文，广西师范大学，2005年。

聘乡村教师的质量，优先补充乡村学校（特别是村小、教学点）的教师。依法依规落实乡村教师补贴政策，按照《关于印发通辽市苏木乡镇机关事业单位工作人员实行苏木乡镇工作补贴实施办法的通知》规定，落实乡村教师工作补贴。推动城区优秀教师向乡村学校流动，实行乡村教师职称评审倾斜政策，加大落实乡村教师荣誉制度的力度。

2016 年上半年，通辽市全面落实教育扶贫政策措施，落实一整套比较完备的助学体系，加大教育扶贫力度，为贫困家庭孩子接受更好的教育创造条件，通过资助政策帮助贫困家庭学生完成学业。一是通过资助政策帮助贫困家庭学生完成学业。严格落实扶助政策措施，对在中、高职院校就读的贫困家庭学生给予每人每年 1500 元的就学补助；对低保家庭子女落实大学入学资助政策；对学前教育、小学、初中、高中贫困家庭学生落实寄宿生补助政策。二是开展全市建档立卡贫困家庭子女在读情况排查，与教育、民政等部门协作，市、旗县、乡镇、嘎查村四级联动。经统计，全市"十三五"期间建档立卡贫困户在校学生共计 14363 人，包括学前教育 1539 人、小学 6710 人、初中 3151 人、高中 2290 人、中职 246 人，建档立卡低保户子女就读大专 134 人、就读本科 293 人。

2017 年，通辽市大力实施教育扶贫工程，对全市 4 个国贫旗县（科左中旗、科左后旗、奈曼旗、库伦旗）农村牧区义务教育学生实施营养改善计划项目。具体补助标准为：每生每天 4 元，每年供餐天数 200 天，每生全年累计补助 800 元。通辽市完善教育资助政策，制定出台了《关于对全市建档立卡贫困家庭在校生实行就学补助的具体意见》和《关于进一步做好全市贫困家庭在校生就学补助工作的补充通知》，坚持全覆盖、应助尽助的原则，明确对全市建档立卡家庭在校小学生、初中生、高中生、中职学生和在校本、专科学生（含低保建档立卡大学在校生），实施就学补助政策，确保贫困家庭子女顺利完成学业，有效阻断了贫困代际遗传。

同年，通辽市围绕"人人受教育"的要求，积极开展本年度教育扶贫工作，对全市建档立卡贫困家庭在校生发放就学补助，金额达到 1308.59 万元，七个旗县市区均在资金分配之列。受资助群体分为建档立卡贫困家庭在校小学生、初中生、高中生、中职学生群体和非低保建档立卡贫困家庭在校本、专科学生群体，并根据实际情况，制定有针对性的补助标准、方式和流程。补助标准为小学每生每学年 1800 元，初中每生每学年 2000 元，高中每生每学年 2400 元，大学每生每学年 10000 元。为 8886 名建档立卡贫困家庭小学生、初中生、高中生发放教育补助金 2617.18 万元；向 838 名建档立卡贫困家庭中职、高职学生发放"雨露计划"项目补助 116 万元；为 2318 名新考录建档立卡贫困家庭本、专科学生发放补助 6094 万元。

2017—2018 年，通辽市累计为 26690 名建档立卡贫困家庭学生发放教育补助金 9908 万元，其中内蒙古自治区家庭经济困难学生普通高校新生入学资助政策累计资助 1542 人，资金为 3187 万元，通辽市建档立卡家庭在校生就学补助政策累计资助 25148 人，资金为 6721.32 万元。

为做好精准识别、精准资助，落实内蒙古自治区城乡低保家庭、建档立卡贫困家庭子女和孤儿升入高校资助工作，从 2018 年秋季学期开始，根据内蒙古自治区教育厅、财政厅、民政厅、扶贫开发办公室四部门出台的《关于实施家庭经济困难学生普通高校新生入学资助政策意见的通知》（内教财字〔2018〕83 号）文件精神，通辽市对经教育招生考试部门正式录取到普通高等学校的且扶贫办、民政局认定的自治区城乡低保家庭子女、建档立卡贫困家庭子女和孤儿全日制本、专科学生实施资助政策。资助标准是大学本、专科学生在校期间每生每学年资助 10000 元，本科生累计资助最多不超过 4 万元，专科生累计资助最多不超过 3 万元。①

2014—2018 年，通辽市"全面改薄"共涉及 472 所学校，规划总投资为 127021 万元，其中校园建设 105512 万元，设备设施购置 21509 万元，规划建设校舍面积 52.3 万平方米已全部开工并竣工，开工率、竣工率均为 100%；完成生活设备、图书、数字教育资源、课桌椅及计算机、教学仪器等设备采购 21509 万元，采购完成率为 100%。

2019 年，通辽市落实内蒙古自治区城乡低保家庭、贫困家庭子女和孤儿专、本科资助政策，资助金额分别为 4718 人、4718 万元，落实该市小学、初中、高中、大学贫困家庭学生就学补助政策 1.52 万人、4031.22 万元。对 342 名特殊困难家庭学生实行动态管理，对其中的 126 名特殊学生开展送教上门。实施义务教育薄弱学校改造项目 5 所。制定技能培训规划，积极开展送教下乡活动和短期技能培训，对 58 个贫困嘎查村开展引导性培训 9480 人次；通过"春风行动""送岗位、送政策、送服务"等专项活动，组织企业到贫困嘎查村举办各类专场招聘会 4 次，提供工作岗位 4000 余个，成功就业 2113 人，为贫困群众学习生产技能、掌握发家致富本领提供了支撑。

2019 年 4 月，按照通辽市委、市政府的精准扶贫总体部署，市教育局公开承诺，将认真履行"阻断贫困代际传递"的社会责任，扎实推进教育扶贫工作。坚持问题导向，实行台账化管理。深入实施"全面改薄""第三期学前教育三年行动计划"等工程；持续开展 4 个国贫旗县农村牧区义务教育阶段学生营养改善计划；大力发展职业教育，保障建档立卡贫困家庭子女接受中等职业教育；继续落实内蒙古自治区建档立卡贫困家庭

---

① 通辽市政府网：《2018 年通辽市教育扶贫资助项目》，2018 年 11 月 12 日，http://www.tongliao.gov.cn/tl/1700000/2018 - 11/22/content_ 12e8c6a52e2b41a18c6a9e24d22ebab6.shtml。

子女和城乡低保家庭子女普通高校入学新生资助政策，实施建档立卡贫困家庭在校生就学补助政策；对辍学学生管理信息库，做到实时监控、动态管理，确保适龄儿童、少年不因家庭困难而失学、辍学。①

截至 2020 年 3 月 20 日，通辽市已初步建成了控辍保学动态管理信息库。同年 6 月 28 日，按照内蒙古自治区教育厅 2019 年脱贫攻坚教育保障工作推进会要求，对通辽市控辍保学情况再次摸排，在全市 11794 名义务教育阶段建档立卡学生中，共有适龄残疾儿童 292 人，其中有 73 人因病因残未入学（免学 56 人，缓学 17 人）。

通辽市认真落实各级各类学生资助政策，修订完善建档立卡贫困学生资助管理办法，各扶贫相关部门建立数据共享、政策联动机制，确保精准资助、应助尽助，统筹职业学历教育和技能培训，使建档立卡贫困家庭具有劳动能力的成员都能掌握"一技之长"，对辍学学生建立管理信息库，实时监控，动态管理，实行按月逐级报告制度，对送教上门的 108 名学生持续开展送教上门工作。落实区市两级教育扶贫资助政策，做好资助资金监管，做到资金及时发放，保障贫困家庭学生不因贫失学，进一步推进城乡学校对口帮扶全覆盖，借助各类资源平台共享教育教学资源，推动教育扶贫领域工作作风进一步改进，通过鼓励社会资助、情感激励帮扶等方式完善扶贫体系，加大扶贫力度，确保贫困人口子女都能接受良好的基础教育。

---

① 正北方网：《通辽市教育局：全力打好教育扶贫"组合拳"》，2019 年 4 月 26 日，https：//xw.qq.com/amphtml/20190426A0BJ0R00。

六　通辽市强化社会保障兜底工程助力精准扶贫

社会保障是指国家通过立法，积极动员社会各方面资源，保证无收入、低收入以及遭受各种意外灾害的公民能够维持生存，保障劳动者在年老、失业、患病、工伤、生育时的基本生活不受影响，同时根据经济和社会发展状况，逐步增进公共福利水平，提高国民生活质量。

2015年，习近平总书记在贵州调研时明确提出，要"低保政策兜底一批"，随后，在中央扶贫开发工作会议中又强调，要"社会保障兜底一批"，在党的十九大报告再次强调"按照兜底线、织密网、建机制的要求，全面建成覆盖全民、城乡统筹、权责清晰、保障适度、可持续的多层次社会保障体系"。"社会保障兜底一批"是新时期党中央立足于我国脱贫攻坚实际实施的"五个一批"工程的重要内容之一，能够保证贫困人口基本生活，推进贫困地区经济发展，平衡收入分配，在解决农村扶贫问题中发挥着独到的、不可替代的作用。

（一）通辽市社会保障兜底实施概况

通辽市按照中央及内蒙古自治区社会保障政策，强化农村低保与扶贫开发政策有效衔接，全面落实社会救助政策，实施了一系列举措。各旗县市区均建立了健康扶贫保障基金，开展了慢病贫困患者送医送药服务，实现家门口诊疗，建立了"一站式"结算服务综合窗口等，确保困难群众基本生活水平与全面小康相适应，充分发挥社会救助制度救急难、兜底线功能，采取多项举措，着力保障改善民生，推动社会救助体系进一步健全，兜底保障能力全面提升，免除了贫困户生产生活方面的后顾之忧。

2013 年以来，先后出台《通辽市人民政府关于进一步健全完善城乡社会救助体系的实施意见》《通辽市社会救助实施办法》《通辽市人民政府办公厅关于进一步加强农村牧区最低生活保障制度与扶贫开发政策有效衔接的工作方案》《通辽市社会救助与扶贫开发政策衔接实施方案》等政策方案，进一步推动社会救助体系建设完善。出台了《通辽市社会救助家庭经济状况核对操作规程》，健全完善低保信息管理系统、低保入户调查审核审批管理系统、家庭经济状况信息核对系统、医疗救助"一站式"结算服务管理系统和特困人员救助供养管理系统。编印了《通辽市社会救助政策汇编》，社会救助工作规范化程度明显提高。2018 年通辽市出台《关于进一步加强农村牧区最低生活保障制度与扶贫开发政策有效衔接的工作方案》，各地民政、扶贫等部门要在前期开展的农村牧区低保政策落实及兜底脱贫情况全面排查基础上，指导苏木（乡镇）抓紧开展一次农村牧区低保对象和建档立卡贫困人口台账比对，逐户核对农村牧区低保对象和建档立卡贫困人口，准确掌握纳入建档立卡范围的农村牧区低保对象、特困人员数据，摸清建档立卡贫困人口中完全或部分丧失劳动能力的贫困家庭情况，为做好农村牧区低保制度与扶贫开发政策有效衔接奠定基础。

党的十八大以来，通辽市城乡低保供养标准和补助水平连续 6 年增长，基本实现了与经济社会发展水平同步，相比 2013 年，城乡低保标准分别提高到 670 元/月和 5150 元/年，增长 54.7%、86.8%；人均补助水平分别达到 500 元/月和 3200 元/年，增长

31.6%、52.4%。农村牧区特困人员集中和分散供养标准分别达到10000元/年和6700元/年，增长100%、106.7%。累计发放孤儿基本生活保障资金4000万元，保障孤儿及事实无人抚养儿童2700余人次，残疾人"两项"补贴累计支出资金2亿元，惠及困难残疾及重度残疾人19万人次。深入开展了医疗救助与基本医疗保险、大病保险、商业医疗补充保险"一站式"即时结算工作和重特大疾病医疗救助，城乡医疗救助累计救助70余万人次，支出资金5.4亿元。①

2016年，通辽经济技术开发区（以下简称开发区）认真贯彻落实通辽市精准扶贫会议精神，在深入摸底、认真分析研究的基础上，全面启动了精准扶贫工作，并成立了精准扶贫工作领导小组，制定了《开发区精准扶贫户脱贫三年规划》《开发区精准扶贫户2016年脱贫计划》，进一步明确了任务目标、帮扶单位和责任人。扶贫工作启动后，开发区共派出171名科级以上干部和后备干部进行入户走访，全面摸清贫困家庭基本情况、收入情况、就业情况和主要诉求，按照"一类一政策、一户一办法"的原则，精准制定各项帮扶措施。通过入户走访，先后为308户贫困家庭建档立卡，对所有贫困户、贫困人口登记分类，汇总造册，做到"户有卡、村有册"，针对贫困人口的年龄阶段、文化程度、健康状况、致贫原因等相关信息有针对性地拿出脱贫方案。开发区共有18万人口，其中农村贫困人口886人，这其中绝大多数都是因病致贫、因病返贫，开发区针对贫困人口的实际情况，相继启动了产业帮扶、教育帮扶、就业帮扶、金融贷款、医疗救助、社保兜底6项重点扶贫工程。同时，开发区采取财政资金专项扶贫与社会扶贫同步发力的模式，汇

---

① 内蒙古自治区民政厅：《通辽市民政多措并举织密织牢兜底保障网》，2018年5月19日，http://mzt.nmg.gov.cn/mzzx/jcxx/zhbg_165/201805/t20180509_36906.html。

聚起打赢脱贫攻坚战的强大合力。

对于无劳动能力的贫困户，开发区采取社会保障托底的方式进行帮扶。根据《开发区社会救助与扶贫开发政策衔接实施方案》，相关部门分别开展了低保评定、医疗救助及临时救助等工作。对符合低保、医疗救助和临时救助条件的贫困户，按照审核审批程序在规定时限内从速办理，切实发挥好民政的兜底保障作用。

2017 年，通辽市凝聚攻坚合力，强化精准施策，围绕"两不愁三保障"脱贫目标，以巩固提高为重点，全面落实"五个一批"扶持措施，扎实推进脱贫攻坚工作，取得明显成效。全面实施"两免一直一优先"惠民政策，全市新增各类扶贫贷款 26.38 亿元。其中，完成了"金融扶贫富民工程"贷款金额 12.96 亿元，完成年度计划 6 亿元的 215%。两项制度衔接保民生，新增 9816 名符合条件的建档立卡贫困人口纳入低保扶持范围，全市累计纳入低保扶持范围的建档立卡贫困人口达 24248 人。扩大金融扶贫覆盖面，市政府为每个贫困旗县农业银行配备 1 辆贷款直通车，增派 5 名以上工作人员协助放贷，发放各类金融扶贫贷款 22.14 亿元。全市易地搬迁项目区完工率达 90% 以上，入住率达到 50% 以上。教育扶贫方面，健全从小学到大学教育保障体系，为建档立卡贫困家庭学生发放教育补助金 2617.18 万元，向建档立卡贫困家庭中职、高职学生发放"雨露计划"项目补助 116 万元，为新考录建档立卡贫困家庭本专科学生发放补助 6094 万元。

同年，全市投入贫困人口健康检查体检费达到 1128.1 万元，为 75205 名 65 周岁以下贫困人员开展健康检查，每人补助标准为 150 元。为保障全旗农村牧区贫困人口享有基本医疗卫生服务，防止因病致贫、因病返贫，通辽市健康扶贫工作围绕防治和解决"因病致贫、因病返贫"这个中心，以推进"三个一批"行动计划为核心，强化领导，统筹谋划，综合施策，狠抓落实，保障了健康扶贫各项任务扎实推进。从 2017 年开始，通辽市针对贫困人口进行"拉网式"参保信息比对，对 39865 名疑似未参保人员，以村为单位建立信息台账，进行逐一核查；对已经在异地参保的以及在校学生、现役军人、服刑人员、疑似亡故人员等进行特殊标识；对 24698 名应保未保人员进行精准定位，在摸清底数的基础上做到精准识别、精准帮扶；对 876 名年满 60 周岁未领取国家规定的基本养老保险待遇的贫困人员进行重点核实；对符合条件未申请待遇的人员及时提醒，并帮助收集有关资料进行申报，确保应享尽享。

（二）通辽市实施社会兜底保障工程经验

在当前全面建成小康社会的大背景下，广大人民群众逐渐过上了富裕生活，但也有部分群众因患各类疾病每年费用支出较大，导致生活陷入困境，甚至因病致贫、因病返贫。为了缓解人民群众家庭财产不因疾病而急速流失，减少因疾病带来的灾难性高额支出，解决好"看病难、看病贵"等问题，通辽市采取一系列措施实施社会保障兜底工程。

1. 保持健康扶贫政策的连续性

持续加大建档立卡贫困人口大病保险倾斜力度，目前通辽市医保政策对建档立卡贫困人口住院治疗、大病保险起付线降低 50%，报销比例提高 5 个百分点，最高不超过 95%。大病救助新农合解决了老百姓 70% 的医疗费用，未来还将及时调整药品目录和诊疗项目范围和限价标准，提高实际报销率，控制非正常的自付费用发生率。

2. 探索防贫保险等保障机制

为切实增强农村群众抗风险能力，一些地区已经开始探索实施"防贫保险",由政府和保险公司达成协议,合作创设"防贫保险",重点针对因意外事故、疾病原因造成自负医药费用,因子女就学造成超额学费,因自然灾害事故造成财产损失以及因年度收入较低造成已脱贫人口返贫或低收入非贫困人口致贫的,通过保险理赔进行补偿,发挥了重要的保障作用。

3. 加强基层卫生服务能力建设

进一步加大财政对卫生事业的倾斜,完善乡镇卫生院的基础设备,改善基层医院硬件条件;创新基层医疗机构人才培养与用人机制,吸引和稳定人才到基层医疗机构;建立更加透明廉洁的药品采购体系,更加严控药品价格;加强医务人员的培训,强化职业素质教育。

4. 加强卫生健康保健常识的宣传、教育、推广

把宣传教育工作做到基层,卫生保健部门制定推广健康的饮食习惯和科学的保健方式,不断提高群众的健康素质,引导群众养成良好的生活习惯,改善居住环境,增强健康防病意识,降低发病率。

5. 加强医疗保健市场监管

树立良好的医德医风,努力提高医疗服务质量,防治小病大治。良好的医德医风是医疗服务质量、医疗服务安全的重要保障,做到"因病施治疗,合理用药",加强医疗费用的控制管理,避免重复检查、过度检查、过度医药、不合理医药造成的不必要费用;加强对药品来源的监督,规范医药流通渠道,减少药品的中间成本价,确保老百姓享受优质价廉的医疗服务。

6. 采取必要的兜底帮扶措施

对丧失劳动力的因病致贫致残的家庭,由镇、村两级出面

协调，将丧失劳动能力的贫困户的土地流转起来，以土地入股的形式把因病致贫的人口土地利用起来；对因病因残丧失劳动能力的人和患有精神疾病的人通过直接救济等社保方式来解决他们面临的问题，保障他们的基本生活。

7. 加大宣传力度

组建健康扶贫政策宣讲团，深入各苏木乡镇政府进行宣讲10余场，对驻村工作队、包联干部、基层卫生计生干部、嘎查村干部、家庭医生签约服务团队、嘎查村医3000余人进行了面对面政策宣讲；重点利用空中课堂对建档立卡贫困人口5000余人进行了慢病送医配药和慢病防控知识讲座；通过旗电视台制作了健康扶贫政策50问和宣传音频资料，利用微信平台传遍千家万户。

8. 加大入户力度

统一印制了慢病送医配药明白卡20000张和慢病未能送药告知单5000份，并组织家庭医生服务团队逐村逐户将明白卡发放至建档立卡贫困户手中。入户宣讲政策的同时对慢病未能送药的贫困户填写告知单，引导建档立卡贫困人口掌握慢病送医配药的政策，帮助确需送医配药的患者收集近两年二级及以上医疗机构诊断书、相应病历材料，为符合备案条件的患者填写慢病备案申请表，由家庭签约医生上报到医保部门、政府基金审批，审批成功的由家庭签约医生送医配药。

2017年年初，通辽市奈曼旗在精准识别建档立卡贫困户时发现，因病致贫比例较大，占到了建档立卡贫困户总数的43%，且长期得不到有效治疗和管理等现实情况，旗委旗政府经过深入调研，及时启动实施了大病、重病、慢病"三兜底"分类救治保障政策，切实减轻贫困人口就医负担，有效地解决了因病致贫、因病返贫问题。

9. 建立贫困家庭医疗保障联系制度

对建档立卡贫困户实施跟踪管理，确保贫困人口全部纳入医疗保障覆盖范围，努力实现让贫困人口"看得起病、方便看病、少生病"的目标。实行"三兜底"政策的 8 种创新服务保障措施，即：实施"先诊疗后付费"服务模式、"一站式"核销服务、建立"团队式"签约服务、设立"家庭病床"、实施免费健康体检、开展大病筛查、免费开展远程专家会诊和开展健康教育 8 项服务。同步推进的还有"大宣传、大义诊、大随访"等一系列政策措施，推进健康扶贫向纵深发展。

党的十八大以来，通辽市上下践行"精准"要义，聚焦"两不愁三保障"目标，坚持把"五个一批"作为主攻方向和根本之策，累计实现减贫 19.9 万人（其中 90% 以上的贫困人口实现产业链增收），503 个建档立卡贫困嘎查村实现出列，贫困发生率由 2012 年的 11.2% 降至 2018 年的 1.4%，科左后旗、开鲁县、扎鲁特旗 3 个贫困旗县实现退出摘帽。截至 2018 年，通辽市建档立卡系统贫困户 80518 户、227073 人，其中，已脱贫户 70216 户、199192 人，未脱贫户 10302 户、27881 人。自党的十八大以来，通辽市全面落实"三个一批""一站式"即时结算、商业补充保险、家庭病床、免费体检等健康扶贫措施，织密了"三兜底"保障网，有效防止和解决了因病致贫、因病返贫问题。2018 年，在健康扶贫方面，健全从预防、诊疗到核销全过程保障机制，重点以大病、慢病、重病"三个一批"兜底政策为抓手，分类精准施治。截至当年 4 月上旬，全市建档立卡贫困患者大病集中救治 1568 人，救治完成率 94.6%；慢病签约服务 30681 人，签约服务率 96.3%；重病兜底保障 334 人，救治完成率 84.3%；贫困人口定点医疗机构住院核销费用比例高于 90%，贫困患者自付比例低于 10%，有效解决了贫困患者看病难、看病贵问题。在教育扶贫方面，扶持 2779 名建档立卡贫困家庭学生，有效阻断贫困代际传递。两项制度衔接方面，在 24248 名纳入低保的建档立卡贫困人口基础上（占比为 28.7%），再将 6028 名符合农村牧区低保条件的建档立卡贫困人口纳入低保范围，确保建档立卡贫困人口纳入低保占比年内达到内蒙古自治区平均水平（30% 以上），切实做到应保尽保。

截至 2018 年，通辽市已将 15786 名符合条件的建档立卡贫困人口纳入低保（特困）保障范围，占扶贫建档立卡贫困人口的 27.7%，占全市农村牧区在享低保人数的 12.3%。同时进一步改善和提升困难群体生活水平，继续提高低保和特困人员供养保障标准和补助水平，2018 年全市城乡低保保障标准较上年度分别提高 50 元和 450 元，达到 670 元/月和 5150 元/年，月（年）人均补助水平较上年分别提高 30 元和 300 元，达到 500 元/月和 3200 元/年，对低保对象中未成年人、老年人、重度残疾人和重病患者按照不超过当地低保标准的 30% 比例提高补助水平。城市特困人员集中和分散供养标准分别达到 1500 元/月和 1000 元/月，较上年分别提高 400 元和 180 元；农村牧区特困人员集中和分散供养标准分别达到 10000 元/年和 6700 元/年，同比分别提高 1000 元和 500 元。

通辽市把养老保险作为助力脱贫攻坚的一项重要举措，通过精准识别贫困人口、提高经办服务质量、不断扩大覆盖面等方式，进一步织密社会保障"安全网"。截至 2019 年，已确认符合参保条件的建档立卡贫困人口 42899 人，全部纳入参保范围，建档立卡贫困人口动态参保率达 100%，实现了参保全覆盖。

截至 2019 年，全年培训残疾人近 5000 人次，为贫困白内障患者免费实施复明手术 1056 例，为建档立卡贫困残疾人免费装配假肢 75 例，为听力贫困残疾人免费配发助听器 249 副，为 360 名残疾儿童实施康复救助项目。通辽市已完成全市 90230 名贫困人口的免费体检工作，体检率达 91.01%，此项工作走在了内蒙古自治区前列。在内蒙古自治区率先开展了家庭病床服务工作，设立家庭病床1517张。各旗县市区均建立了健康扶贫保障基金，累计投入资金1.05亿元。通过采取"三精准"健康扶贫措施，实施"三兜底"健康扶贫保障政策，全市大病集中救治率达到98.6%；慢病签约服务率达到100%；重病兜底救治率达到92.5%，医疗费用个人自付比例下降到7%以下，切实减轻了贫困患者医药费用负担。将符合低保标准的建档立卡贫困人口全部纳入低保扶持范围，将符合特困人员条件建档立卡贫困家庭纳入特困救助供养范围，将符合临时救助条件的建档立卡贫困家庭纳入临时救助范围。推进建档立卡贫困残疾人兜底保障工作，进一步加大贫困重度残疾人照料护理服务工作力度，加快建立贫困重度残疾人照护体系，改善贫困重度残疾人的生活质量。推进建档立卡无劳动能力贫困人口的集中供养工作。对符合救助供养条件的老年人、残疾人及16周岁以下未成年人，及时纳入特困人员救助供养范围。鼓励有条件的敬老院，逐步为农村牧区低保、低收入家庭和建档立卡贫困家庭中的老年人、残疾人，提供低偿或无偿的集中托养服务。

针对目前基层社会救助经办服务能力薄弱，社会救助兜底保障作用发挥得不够充分等问题，为强化社会参与、提升服务效能，按照中央、内蒙古自治区部署，经通辽市委、市政府同意，市民政局等4部门联合印发了《通辽市关于积极推行政府购买服务加强基层社会救助经办服务能力的实施办法》（通民发〔2018〕39号）。该办法主要对"推行政府购买服务加强基层社会救助经办服务能力"工作的具体含义、政策原则、操作规程、经费保障、监督考评、组织实施6大方面做了明确要求，确保各项救助政策落实到困难群众身上，为打赢脱贫攻坚战和全面建成小康社会奠定坚实基础。

通辽市科尔沁区民政工作聚焦脱贫攻坚、聚焦特殊群体、聚焦群众关切，全面履行基本民生保障、基层社会治理、基本社会服务等职责，进一步深化改革、开拓创新，全面推进民政事业健康发展。坚持强化城乡低保、特困人员供养、临时救助和慈善救助、儿童工作、残疾人权益保障等方面工作，做好最基本的民生保障，提高殡葬管理服务、婚姻登记服务等方面服务，提升最基本的社会服务，加强城乡社区治理、社会组织管理等方面管理，完善最基层的社会治理，完善行政区域界线管理、地名和街路牌管理等方面工作，打造最悠久的专项行政管理。全面完成完善低保制度、加大临时救助、探索建档立卡贫困家庭中无劳动能力人员的集中托养等方面对标整改任务，做好中央巡视整改工作；强化社会救助兜底保障、留守儿童、留守老人关爱服务体系、社会力量参与脱贫攻坚、加大驻村扶贫工作力度等方面工作，助推民政领域脱贫攻坚工作圆满完成；坚持安全生产思想不麻痹、责任不松懈、红线不失守，全力抓好民政领域安全生产工作；坚持在基层政权建设、低保等社会救助、养老服务、殡葬行业服务等方面全面部署，全力做好民政领域扫黑除恶专项整治斗争；坚持全面加强党的政治建设、组织建设、思想和意识形态建设、党风廉政和反腐败工作。

围绕全面建成小康社会的总体目标，通辽市把脱贫攻坚作为头等大事和第一民生工程，树立统揽经济社会发展全局的理念，以制度有效衔接为重点，加强部门协作，完善政策措施，健全工作机制，积极推进农村牧区低保与扶贫开发在标准确定、对象认定、政策实施、信息管理上的衔接，充分发挥农村牧区低保制度在打赢脱贫攻坚战中的政策性兜底保障作用，确保到2020年前全市农村牧区贫困人口整体脱贫，在全面建成小康社会的路上，不落一人、一户，社会保障兜底"安全网"更加紧密牢固。

七　通辽市精准扶贫的经验成就与启示

当前，脱贫攻坚工作已进入攻坚拔寨的关键时期，通辽市始终以习近平总书记系列讲话精神和中央、内蒙古自治区党委有关脱贫攻坚重要指示精神为指导，把扶贫开发作为头号民生工程，着力改善贫困地区和贫困人口基本生活条件。近年来，通辽市在扶贫方式上进行了大胆的探索与创新，创造了适合本地发展的脱贫模式，但在取得成绩的同时也应看到，巩固脱贫成果的任务还十分艰巨。

（一）通辽市精准扶贫的经验与成就

在党的十九大报告中，习近平总书记强调脱贫攻坚是需要全社会同心协力完成的任务，全面建成小康社会一个不能少、共同富裕路上一个不能掉队。精准扶贫要创新扶贫体制，按照"扶贫对象精准、项目安排精准、资金使用精准、措施到户精准、因村派人精准、脱贫成效精准"的要求，把集中连片特殊困难地区和贫困人口集中分布的革命老区、少数民族聚居区（自治旗、民族乡）、边境地区、牧区作为脱贫攻坚重点，建立精准扶贫工作机制，推进扶贫攻坚重心下沉，做到"扶持谁底数清、谁来扶责任清、怎么扶措施清、怎么退要求清"，以清晰的工作思路，精准引导各地区、各领域扶贫工作，切实保障扶贫工作的精准实施，把扶贫开发作为通辽市各部门的共同责任，各旗县、苏木镇、嘎查村全面落实扶贫责任，明确帮扶单位和干部扶贫任务，深化京蒙扶贫协作，加大对口帮扶、定点帮扶力度，做到分工明确、责任清晰。

通辽市按照党中央坚决打赢脱贫攻坚战的决策部署，根据自治区党委政府部署要求，聚焦"两不愁三保障"目标任务，认真落实"五个一批""六个精准"扶贫举措，举全市之力推进脱贫攻坚战，按照贫困地区、贫困人口的具体情况，实施"五个一批"工程，即发展生产脱贫一批，易地搬迁脱贫一批，生态补偿脱贫一批，发展教育脱贫一批，社会保障兜底一批，建立贫困地区、贫困户脱贫认定和退出机制，实行有进有退的动态管理。2013—2018 年，通辽市累计整合投入资金 200 多亿元用于扶贫，贫困人口由 22.70 万人下降到 2.78 万人，6 年间实现减贫 19.92 万人、503 个建档立卡贫困嘎查村出列、3 个贫困旗县退出摘帽，贫困发生率由 11.2% 下降到 1.4%。2019 年，通辽市减贫 27660 人，123 个贫困嘎查村实现出列，整合到位扶贫资金 40.5 亿元，完成全年资金投入的 115.7%。2018 年，科左后旗、扎鲁特旗和开鲁县实现了脱贫摘帽；2019 年，科左中旗、库伦旗、奈曼旗 3 个国贫旗县进入退出程序，全市未脱贫人口为 1542 人、贫困发生率为 0.08%，626 个建档立卡贫困嘎查村已经全部出列。

1. 发展本地特色优势产业、打造能人效应

转变经济发展方式，推动高质量发展，是习近平总书记对内蒙古一以贯之的重要要求。通辽市客观审视发展优势、基础与短板不足，发展本地特色产业，充分发挥政府投入的主体和主导作用，加大市级财政扶贫资金整合投入力度，扶持贫困嘎查村发展脱贫产业，提升水、电、路、讯、网等基本设施建设和文化、卫生、体育等公共服务水平。

一是推进乡村振兴与脱贫攻坚有效衔接，围绕乡村振兴战略，实施贫困嘎查村提升工程，培育壮大集体经济，引导和推动贫困嘎查村土地三权分置，合理整合资源，激发发展活力。积极引进扶贫龙头企业（合作组织），与贫困嘎查村建立"龙头企业＋农牧民专业合作社＋产业基地＋贫困户"利益联结机制，通过土地、草牧场、"林地经营权流转＋入股分红"，进一步加大扶贫保障力度，以老年人、残疾人、重病患者为扶持重点，对生态环境脆弱的禁止开发区和限制开发区群众增加护林员等公益岗位，对因病致贫群众加大医疗救助、临时救助、慈善救助等帮扶力度，对无法依靠产业扶持和就业帮助脱贫的家庭实行政策性保障兜底，全力打通脱贫攻坚政策落实"最后一公里"。

二是抓好现代生态农牧产业、玉米生物产业、肉牛产业等主导产业。依托优质玉米、黄牛资源，扶持建档立卡贫困户通过发展高效节水农业和肉牛产业，实现人均增收。重点发展蒙中药材、杂粮杂豆、红干椒、食用菌、有机葵花、保护地瓜菜、经济林等特色经济作物，加大青贮饲料开发和人工草地建设力度，增加贫困地区饲草料总量。以奈曼旗八仙筒镇、库伦旗六家子镇、科左后旗努古斯台镇、科左中旗舍伯吐镇等苏木镇为中心，有序发展节水农业和特色种植业，建设高产高效节水农田，扶持 4000 户贫困户。在奈曼旗、库伦旗、科左后旗、开鲁县、科左中旗、扎鲁特旗扶持 1 万户贫困户，加快发展特色种植业，种植沙地衬膜水稻、蒙中药、荞麦、红干椒、沙果、榛子等各类特色经济作物，配套发展气调储藏保鲜库建设，以及果品深加工产业。推动种养结合，突出为养而种，扩大饲料作物种植面积。扶持 7 个旗县市区、435 个行政村发展电子商务产业，带动 1500 户贫困户、3750 人。结合"四点一带"绿色经济产业带建设，在贫困地区大力发展玉米、肉牛、荞麦、中药材和有机蔬菜等十大优势特色产业；积极推进庭院经济、光伏、电商、乡村旅游等产业；探索资产收益扶贫机制，采取折股量化的方式，带动贫困农牧民增收。2016 年，通过发展优势特色种养业和转移就业，实现减贫 3.4 万人，大力发展玉米、肉牛等优势主导产业，发展节水农业 3 万亩，新增肉牛 5 万头。实施"一村一品"产业推进行动，同步发展庭院养殖、立体种植、林果业等多种庭院经济，整合投入资金 4.5 亿元，扶持 3000 户贫困户实现稳定增收。扶持 6 个重点贫困旗县、150 个嘎查村，带动 3000 户贫困户落实资产收益扶贫。①

三是推进蒙医药建设，继续加强蒙医医疗基础设施和人才队伍建设，把蒙医药做大、做强，从而更好地推动当地养生疗养式旅游业发展，确保科尔沁蒙医药浴能够获得良好的传承，将蒙医蒙药作为通辽市的一张"名片"。党的十八大以来，通辽市深入学习贯彻习近平总书记对内蒙古的重要讲话和指示精神，按照党中央提出的"扶持和促进中医药及民族医药事业发展"的要求，将蒙医药产业列为九大产业链之一，作为重点培育发展的战略性新兴产业推进，全力打造"全国蒙医药产业发展核心区"。这些年来，通辽市着力推动蒙医药产业集群集聚，启动了"名企、名药、名院、名医"工程，建设中的内蒙古蒙中药材交易中心将成为立足东北、辐射全国的大型蒙中药材集散地，并且聚力招大引强，瑞康医药、天奈药业、海天制药等一批蒙医药产业重点项目落地建设。通辽市着力推动蒙医药产业科研创新，建成了全国唯一的蒙药学博士点，吸纳蒙医国医大师 2人，蒙医药专业技术人才 1357 人，每年培养本科以上蒙医药专业毕业生 200 余人，依托内蒙古蒙药工程研究中心和蒙医蒙药产业技术创新战略联盟，开发了保利尔胶囊、香青兰创新药物

---

① 通辽市政府网：《通辽市 2017 年推进脱贫攻坚提质工程行动计划》，2018 年 12 月 20 日，http：//www.tongliao.gov.cn/tl/fpjh/2018 - 12/20/content_ 979fac87372e40e092614f6c0afb2fe5.shtml。

制剂、海伦胶囊等一批国家级蒙药新药。通辽市着力健全完善促进蒙医药产业发展的体制机制，组建了通辽市蒙中药产业发展办公室作为市政府工作部门，并每年拨款3000万元作为蒙医药产业发展专项基金，连续举办四届蒙医药产业博览会和民族医药高峰论坛，全力推动蒙医药事业高质量发展。通辽市着力推动蒙医药传承发展，建成国内外展陈面积最大的蒙医药文化展示平台——通辽市蒙医药博物馆，并抢救性挖掘、整理民间蒙医传统验方和秘方，传承和保护传统蒙医药文化。通辽市着力推进蒙医医疗服务网络化建设，全市蒙中医医疗机构发展到14家，全市90%以上的苏木乡镇卫生院和社区卫生中心都设立了蒙中医科，80%以上的嘎查村卫生室和社区卫生服务站都开展了蒙中医药服务，提高蒙医治疗和保健的服务能力。蒙医药产业粗具规模，特色产业链初步形成，产业活力和发展潜力日趋凸显。在全国大规模专业生产蒙药的5家企业中，内蒙古蒙药股份有限公司生产规模最大、内蒙古库伦蒙药厂建厂最早，两家企业市场占有率在50%以上。目前，通辽市蒙药品种有丸剂、片剂、颗粒剂、散剂、硬胶囊剂、口服液六大类，是全国蒙药生产品种最全的地区。其中，内蒙古蒙药股份有限公司已拥有发明专利3项，实用新型专利2项、外观设计专利1项，蒙药品种达到240多个，其中量产的品种50多个，包括保利尔胶囊、珍宝丸、暖宫七味丸等产品；库伦蒙药有明目二十五味丸等14个独家品种，回生第一丹胶囊等15个国家中药保护品种及104个有批准文号的品种，进入国家基本医疗保险目录产品48个、非处方药产品36个。

四是大力发展肉牛等脱贫产业，采取"扶贫小额信贷自养型+合作组织养殖带动型+资产收益托管代养型+投放养殖滚动发展型"四位一体的黄牛产业扶贫模式，推动贫困户与现代肉牛产业链有效衔接，实现贫困人口年人均增收。以北部沙沼地区苏木镇为重点，推进实施扩繁母牛"万千百十"示范工程，大力培育母牛扩繁专业镇、专业村和专业户。以国道 304 和甘金南北线两侧为重点，积极推广"小规模、大群体"养殖模式，大力培育育肥牛养殖专业村、养殖小区和养殖专业户。以东南部农区为重点，依托农区丰富的粮食、秸秆资源，大力推广秸秆转化利用技术，加快发展农区畜牧业。新增养母牛超千头嘎查村 15 个，新增超百头母牛养殖场 10 个；新增年出栏 300 头规模育肥牛场 10 个，新增育肥牛专业村 10 个，全年出栏育肥牛 25 万头，新增秸秆养牛专业村 6 个。加强以良种繁育为主的配种改良体系建设和以疫病防治为主的畜产品安全体系建设，全力推进棚舍、窖池和饲料地建设。完成黄牛冷配 15 万头，新增棚舍 12 万平方米、窖池 20 万立方米，饲草料种植面积达到 80 万亩。肉牛种业全国一流、世界领先，肉牛存栏 208.6 万头，现有科尔沁牛业等 7 家规模以上肉牛屠宰加工企业，已具备年加工 60 万头肉牛能力，被评为"中国草原肉牛之都"，被认定为"科尔沁牛中国特色农产品优势区"。2018 年，"通辽黄玉米""科尔沁牛"分别以 288 亿元和 203 亿元分别获得内蒙古自治区农产品、畜产品区域公用品牌价值第一名。

五是坚持以优势产业及特色产区为原则，统筹全市产业发展。以奈曼旗八仙筒镇、库伦旗库伦镇、科左后旗努古斯台镇、科左中旗保康镇和扎鲁特旗北部牧区等地为中心，大力发展以肉牛为重点的养殖业。实施肉牛种子工程，引进和培育优质肉牛品种，加快品种改良，引领贫困地区畜牧业转型升级。建设标准棚舍、窖池，扩大养殖业基础设施建设规模。通过与科尔沁牛业、伊赛集团、帮洁公司、玛拉沁艾力合作社等 138 家有持续经营能力、实力雄厚的企业和专业合作社建立了户企利益联结，累计带动 11534 户、18709 名贫困人口实现年户均增收 3000—4000 元。扎鲁特旗巴彦塔拉苏木东萨拉嘎查村的玛拉沁艾力养牛专业合作社，直接带动周边 5 个苏木镇、31 个嘎查村、1500 户农牧民增收致富，2014—2016 年年均分红 287.5 万元，嘎查村农牧民人均增收 2400 元，是内蒙古自治区唯一荣获全国脱贫攻坚奋进奖的先进个人。

六是为强村富民、强化人才引进，旗驻村干部联合党委提出全力实施"三引领双提升"政策，助力脱贫攻坚工程总体战略。"三引领双提升"即乡镇苏木街道党（工）委引领嘎查村社区党组织理清发展思路，嘎查村社区党组织引领能人兴办农牧民专业合作社，农牧民专业合作社和"双带"能力强的党员引领贫困户抱团致富、精准脱贫，实现基层党建与脱贫成果双提升。

2. 推动一二三产业融合发展

2015 年，通辽市根据扶贫开发工作实际，坚持巩固提升工作总基调，以市场聚集资源要素的新思路，按照全面建成小康社会的标准谋划推动扶贫开发工作，启动实施扶贫开发"12345"工程，确保剩余贫困人口脱贫致富，同步达小康。"1"是把握一条主线，即围绕绿色产业集群新高地建设，以发展绿色、有机、无公害农畜产品为主攻方向，大力发展玉米、肉牛、秸秆工业化利用、生物科技、清洁能源五大绿色产业，推动农村牧区经济稳步发展。"2"是瞄准两个目标，即 2017 年之前消灭绝对贫困人口，2020 年科左中旗同步达小康。"3"是明确三项重点任务，即深入实施"三到村三到户"精准扶贫、"金融扶贫富民工程"和社会扶贫工程，聚焦短板，集中发力，大力发展以肉牛养殖为主的增收致富产业。"4"是创新四个方式，即把握市场消费热点，扬长补短、顺势而为，突出打好产业创新、产品创新、技术创新和组织创新。"5"是落实五项措施，继续推行"整合项目、整村推进"模式，提升扶贫工作经验做法；采取"领导包联，部门联动"机制，为扶贫工作添加强劲动力。

（1）推进旅游扶贫

通辽市依托全市 500 公里景观大道建设，围绕奈曼旗宝古图沙漠旅游区、孟家段湿地旅游区，库伦旗银沙湾景区，科左后旗大青沟旅游区、阿古拉旅游区，科左中旗孝庄园文化旅游区、珠日河草原旅游区，扎鲁特旗山地草原旅游区，开鲁县麦新烈士纪念馆、古榆园等优质旅游资源，开展"景区＋农（牧）户""合作社＋农（牧）户""企业＋农（牧）户""能人＋农（牧）户"等旅游扶贫示范项目创建。扶持 50 个贫困嘎查村、1000 户贫困户发展农家乐、牧家乐、渔家乐、采摘、农事体验等各类主题乡村旅游产品，同步实现贫困农牧民增收就业。推进贫困地区干线公路建设，全面抓好"四好公路"建设，实施"交通＋特色产业"扶贫工程，提升交通运输基本公共服务向贫困地区和贫困人口的覆盖度，改造建设一批贫困乡村旅游路、产业路、资源路，优先改善自然人文、少数民族特色嘎查村和风情小镇等旅游景点景区交通设施。

（2）推进光伏扶贫

完善光伏扶贫收入分配管理办法，各级政府资金支持建设的村级光伏电站的资产归嘎查村集体所有，由嘎查村集体确定项目收益分配方式，大部分收益直接分配给符合条件的贫困户，小部分收益可作为嘎查村集体公益性扶贫资金使用。按照《国家能源局、国务院扶贫办关于下达"十三五"第一批光伏扶贫项目计划的通知》（国能发新能〔2017〕91 号）精神，在科左后旗、科左中旗、库伦旗建设村级光伏扶贫电站 90 个，建设总规模 46194 千瓦，扶持 174 个建档立卡贫困村、7575 户建档立卡贫困户（包括残疾人）享有稳定收益。在 6 个旗县建成集中式光伏电站 7 座，规模达 21 万千瓦，扶持 8223 户无劳动能力的建档立卡贫困人口年户均增收 3000 元以上；在 174 个建档立卡贫困村建设第一批村级光伏扶贫电站 103 个，规模达 4.6 万千瓦，2019 年 6 月完成并网发电，帮扶 7575 户贫困人口。

（3）推进电商扶贫

加大产业扶持和财政投入力度，积极引导贫困户融入电商产业链条，推动贫困地区、贫困户的产品线上线下互动营销。统筹推进贫困地区网络覆盖、电子商务、网络扶智、信息服务、网络公益 5 大工程向纵深发展。完善电信普遍服务补偿机制，引导基础电信企业加大投资力度，实现 90% 以上的贫困嘎查村宽带网络覆盖。鼓励基础电信企业针对贫困地区和贫困群众推出资费优惠举措，鼓励企业开发有助精准脱贫的移动应用软件、智能终端。以贫困户精准建档立卡数据为依托，结合从业电商数据，跟踪贫困户产业信息、扶贫信息等内容，确保在电商扶贫工作中，及时调整帮扶内容，协调突出困难问题。在贫困户中存在着特困户及残疾人等特殊群体的，采取一站式全链条的电商帮扶措施，贫困户仅需提供一张身份证，就能实现让其参与融入电商产业链、电商生态系统中。

3. 完善金融扶贫，加强财政监管

通辽市扎实推进《通辽市 2015 年扶贫开发行动计划》，不断改革创新扶贫工作机制，改进扶贫工作方法，践行党的群众路线，加快推进"金融扶贫富民工程"，努力解决金融服务"最后一公里"问题。通辽市累计投放"金融扶贫富民工程"贷款19.59 亿元，扶持 31468 户。其中，2015 年上半年新增"金融扶贫富民工程"贷款 7.45 亿元，完成内蒙古自治区下达 5.5 亿元放贷任务的 135%，完成本级争取目标 8.50 亿元的 88%。其中"金穗富农贷"完成 6.38 亿元，"金穗强农贷"完成 1.07 亿元，提前半年完成全年任务，加快了广大农牧民脱贫致富的步伐。2016年新增"金融扶贫富民工程"贷款 11.26 亿元，完成内蒙古自治区下达 5.5 亿元任务的 205%。其中，建档立卡贫困户投放 3.69亿元，扶持 8477 户，有贷款意愿的建档立卡贫困户覆盖率达79.95%。同时，发放金融再贷款 1 亿元、小额信贷 3 亿元。

全面实施"两免一直一优先"惠民政策，2017 年全市累计投入扶贫贷款 20.97 亿元。其中，完成"金融扶贫富民工程"

贷款金额 12.96 亿元，完成年度计划 6 亿元的 216%，扶持 2.9 万户贫困户通过发展扶贫产业实现增收；中和农信小额贷款 3.85 亿元；其他商业银行贷款 4.16 亿元。

通辽市深入实施金融精准扶贫工作，各项金融举措得力有效。截至 2018 年第三季度，全市金融精准扶贫贷款余额 191.82 亿元，其中，个人精准扶贫贷款余额 7.27 亿元，产业精准扶贫贷款 162.81 亿元，项目精准扶贫贷款 21.74 亿元。全市扶贫再贷款余额 5.1 亿元，比年初增加 3.05 亿元，累计发放 4.4 亿元。金融精准扶贫各项体制机制逐步完善，组织召开全市金融扶贫工作座谈会、推进会，建立了金融精准扶贫工作联席会议制度和督导考核体系，按季召开专项调度会，要求各旗县市区、金融机构按月、按季统计上报金融精准扶贫数据及工作进度、成效，并将其作为金融扶贫工作年终考核的重要依据。通过召开会议、深入实地等多种方式，督促旗县市区、金融机构落实好金融精准扶贫政策；下发了《关于切实做好金融扶贫突出问题整改工作的通知》《全市金融精准扶贫突出问题专项整治实施方案》，进一步细化问题整治措施、责任单位、完成时限，督促各旗县市区逐村逐户、各金融机构逐笔逐项排查整改。

编印了《金融精准扶贫政策汇编》下发至各旗县市区及金融机构，全面提高政策知晓率。2018 年前三季度，市级直接培训人数 800 人次，贫困旗县培训人数达 9000 人次。同时制定了《全市扶贫小额信贷风险防控体系建设方案》，组织召开了全市金融风险防范工作现场推进会，推动各有关旗县做好全市扶贫小额信贷风险防控工作，扎实开展农村牧区高利贷综合治理活动。①

———————

① 内蒙古自治区政府门户网站：《通辽市金融精准扶贫工作凸显五大成效》，2018 年 11 月 5 日，http：//www.nmg.gov.cn/art/2018/11/5/art_ 152_ 237528.html。

坚持增加政府扶贫投入与提高资金使用效益并重，健全与脱贫攻坚任务相适应的投入保障机制，支持贫困地区围绕现行脱贫目标，尽快补齐脱贫攻坚短板。到 2020 年，投入国家、自治区、市旗两级财政扶贫资金 26.7 亿元，其中，国家、自治区财政扶贫资金投入 16.7 亿元，市旗两级财政扶贫资金投入 10 亿元，用于贫困地区、贫困人口脱贫攻坚。

加大财政专项扶贫资金和教育、医疗保障等转移支付支持力度。一是健全扶贫资金项目常态化监管机制，强化主管部门监管责任，扶贫资金分配结果一律公开，确保扶贫资金尤其是到户到人资金落到实处。按照中央要求深入推进贫困旗县涉农涉牧资金统筹整合，做到"因需而整""应整尽整"，赋予贫困旗县更充分的资源配置权，确保资金精准使用，提高资金使用效率和效益。整合资金优先保障贫困人口直接受益的产业发展资金需求，防止借整合资金之名乱作为。二是落实金融扶贫担保补偿贴息管理办法、监督办法和联席会议制度等各项管理制度，建设金融扶贫工程互助协会，严格执行规范程序。全面落实《农业银行金融支持"三到"扶贫工程合作框架协议》《农业发展银行易地扶贫搬迁贷款合作框架协议》，与农村信联社、邮储银行等商业银行进一步合作。三是实现金融扶贫全覆盖。将 9 个旗县市区全部纳入金融扶贫范围、同步享受金融扶贫政策，在所有苏木镇、嘎查村全面开展扶贫结算业务，实现村级扶贫金融服务网点全覆盖。四是充分发挥扶贫再贷款等货币政策工具的引导作用，支持金融机构合理合规增加对贫困户和带贫企业生产经营的信贷投放。五是规范建档立卡贫困户扶贫小额信贷投放，实现扶贫小额信贷有效需求全覆盖。在风险可控前提下，对符合条件的建档立卡贫困户发放的扶贫小额信贷，可通过展期、无还本续贷的方式予以支持。六是创新产业扶贫信贷产品和模式，建立健全金融支持产业发展与带动贫困户脱贫的挂钩机制和扶持政策。推进贫困地区信用体系建设，鼓励和引导金融机构对"信用户、信用村、信用乡"给予增加授信额度及利率优惠，实行贷款优先、手续简便、额度放宽、服务上门政策。

加强扶贫信贷风险防范，防止出现对贫困户多头授信、过度融资的现象。支持贫困地区金融服务部建设，推广电子支付方式，逐步实现基础金融服务不出村。支持各保险机构通过减免、捐赠等多种方式，积极为建档立卡贫困户投保政策性农业保险、重大疾病保险、小额人身意外伤害保险、补充医疗保险服务。

积极发展旅游、电商和光伏产业。扶持 15 个嘎查村、300 户贫困户开发农家乐、牧家乐、采摘园等集餐饮娱乐为一体的乡村旅游富民项目，带动贫困户 1500 户发展电商产业。在科左中旗、奈曼旗、扎鲁特旗 3 个试点旗县发展光伏产业，建设总规模达到 5 万千瓦，带动 1890 名贫困人口受益。

4. 深入推动易地扶贫搬迁

2017 年，内蒙古自治区下达通辽市易地扶贫搬迁任务为 3530 人，计划投资 19380 万元。实际落实 2203 人，项目涉及科左中旗、科左后旗、库伦旗、奈曼旗、扎鲁特旗五个旗县，项目区完工率达 90% 以上，入住率达到 50% 以上。

（1）严格落实政策要求和标准规范

结合推进新型城镇化，提高集中安置比例，鼓励非农安置，对目前不具备搬迁安置条件的贫困人口，优先解决"两不愁三保障"问题，今后可结合实施乡村振兴战略压茬推进，通过实施生态宜居搬迁和有助于稳定脱贫、逐步致富的其他形式搬迁，继续稳步推进。

（2）加大基础设施和后续产业扶持力度

进一步提升水、电、路、气、网等配套基础设施和教育、卫生、文化等公共服务设施建设水平，扶持搬迁贫困户发展特色养殖、节水农业、庭院种植等脱贫产业，实现产业增收。

坚持群众自愿、积极稳妥的原则，按规划、分年度、有计划实施易地搬迁脱贫工程。积极推进与农业发展银行合作，承接好资金，组织实施好项目。整合投入资金 1.94 亿元，用于搬迁安置房建设以及水、电、路、气、网等配套基础设施和教育、卫生、文化等公共服务设施建设。落实搬迁建档立卡贫困户 3230 人，同步搬迁 1544 人，新建房屋 1357 套，建筑总面积 7.942 万平方米，项目覆盖 6 个旗县、156 个嘎查村，所有工程项目进展顺利。2016 年 11 月，完成全市 33 个项目区建设任务，搬迁人口如期入住。"十三五"期间要完成 1771 户、5204 人易地搬迁任务，2019 年完成 819 户危房改造任务。

5. 实施生态扶贫工程

通辽市按照"生态补偿脱贫一批"的要求，积极发挥全市林业部门的行业优势，将林业生态扶贫作为一项重要任务进行研究部署，编制印发了《全市林业生态扶贫三年规划》和《2018年度实施方案》，制定了职责任务清单，将所有重点工作逐项分解落实，明确时间表和路线图，研究制定了一系列切实有效的帮扶措施，并在日常工作中加大推进落实力度，确保见到实效。

（1）大力支持贫困地区生态建设

通辽市将全市 90% 以上的林业生态建设工程任务集中向重点贫困地区倾斜，2018 年优先向 6 个贫困旗县安排三北防护林工程、新一轮退耕还林工程建设资金 1.79 亿元。内蒙古自治区下达通辽市三北防护林工程任务 50 万亩，在 6 个贫困旗县落实任务 46.1 万亩，占总任务的 92.2%；新一轮退耕还林工程任务 3.78 万亩，全部落实在贫困旗县，使贫困人口获得补助收入。

（2）认真落实林业生态扶贫政策

通过选聘护林员，为贫困人口提供生态公益岗位，通过积极争取增加生态护林员 500 名，在 4 个国贫旗县建档立卡贫困户中选聘生态护林员 1500 名，每人每年工资性收入 1 万元，家庭人均增收 3235 元，并对护林员实行动态跟踪考核管理，适时调整。

（3）加大对全市 22 个深度贫困地区帮扶力度

组织人员深入 22 个深度贫困地区开展调研工作，充分掌握贫困地区实际情况，因地区、因户施策，每个村安排 20 万元林业生态建设资金，重点支持发展以庭院果树、林木种苗等为主的林业产业。

（4）加大贫困地区林业技术培训工作力度

组织林业专业技术人员深入贫困地区，通过集中授课、现场培训等方式，以经济林栽植和林木种苗繁育等林业实用技术培训为重点，培训贫困人员 5000 人次。

（5）积极推进林业产业扶贫

在加强保护的前提下，充分利用贫困地区生态资源优势，结合现有工程，大力发展果品、林下经济、种苗花卉、生态旅游等林产业，通过整合林业项目资金支持重点贫困地区、贫困户发展林业产业和庭院经济，支持重点贫困村发展以林产业为主的集体经济。重点在 6 个贫困旗县，以贫困户为重点建设锦绣海棠、沙棘等为主的果树经济林 10 余万亩，带动贫困户近5000 户。推广"合作社 + 管护 + 贫困户"模式，在四个国贫旗县建档立卡贫困户中选聘生态护林员，到 2020 年，选聘 2064名贫困人员实现岗位脱贫。

（6）加大贫困地区新一轮退耕还林还草支持力度

将新增退耕还林还草任务向贫困地区倾斜，深化贫困地区集体林权制度改革，鼓励贫困人口将林地经营权入股造林合作社，增加贫困人口资产性收入。在有条件的贫困地区，推动实施一批经济林、林下经济、林业生态旅游项目。[1]

---

[1]　中国扶贫内蒙古频道：《通辽市扎实推进林业生态扶贫工作》，2019 年 1 月 28 日，http：//www. xn － － fiq64fb9buweuutkq8afjopfq. com/jzfp/info_ 31331. html。

6. 实施教育扶贫工程

落实助学体系，加大教育扶贫力度，为贫困家庭的孩子接受更好的教育创造条件，通过资助政策帮助贫困家庭学生完成学业。重点对不在低保范围的建档立卡贫困户子女接受中、高职业教育给予资助。创办脱贫攻坚农民夜校、讲习所等，加强思想、文化、道德、法律、感恩教育，弘扬自尊、自爱、自强精神，防止政策养懒汉、助长不劳而获和"等靠要"等不良习气。加大以工代赈实施力度，动员更多贫困群众投工投劳。充分发挥市旗两级统战部、工商联、扶贫基金会、革命老区促进会、社会扶贫促进会的组织引领作用，整合社会力量，引导和支持民营企业、社会组织和个人积极履行社会责任，针对贫困嘎查村、贫困户开展村企合作、爱心超市、泛海助学等帮扶项目，推动"精准扶贫爱心超市"从钱物送上门的填鸭模式转变为靠劳动赚钱的励志脱贫模式，促进贫困人口转变生活习惯，激发内生动力。宣传表彰自强不息、自力更生脱贫致富的先进事迹和先进典型，用身边人身边事示范带动贫困群众。大力提倡移风易俗，建立村规民约，推进乡风文明、尊老爱幼、邻里和睦，狠刹大操大办、互相攀比、铺张浪费等现象，集中打击农村赌博、非法高利贷行为，通过"勤俭持家""勤劳致富""诚信星级户"等活动载体，积极引导节俭消费。①

（1）全面推进贫困地区义务教育薄弱学校改造工作

重点加强乡镇寄宿制学校和乡村小规模学校建设，确保所有义务教育学校达到基本办学条件。

（2）改善贫困地区乡村教师待遇

落实国家和内蒙古自治区教师生活补助政策，均衡配置城

---

① 新华社：《中共中央 国务院关于打赢脱贫攻坚战三年行动的指导意见》，2018 年 8 月 19 日，http：//www.gov.cn/zhengce/2018 - 08/19/content_ 5314959.htm。

乡教师资源。鼓励通过公益捐赠等方式，设立贫困地区优秀教师奖励基金，用于表彰长期扎根基层的优秀乡村教师。

（3）健全覆盖各级各类教育的资助政策体系

落实内蒙古自治区建档立卡贫困家庭子女和城乡低保家庭子女普通高校入学新生资助政策，对符合条件的大学生从录取当年开始每学年资助 1 万元，本科类学生（含预科生）累计资助不超过 4 万元，专科或高职高专类学生累计资助不超过 3 万元。健全从小学到大学教育保障体系，扎实推进"雨露计划"项目实施，仅 2017 年就为 8886 名建档立卡贫困家庭小学生、初中生、高中生发放教育补助金 2617.18 万元，向 838 名建档立卡贫困家庭中职、高职学生发放补助 116 万元，为新考录的 2318 名建档立卡贫困家庭本专科学生每生一次性补助资金 3 万—4 万元，共计补助 6094 万元。截至 2019 年，累计为建档立卡贫困家庭学生发放教育补助金 4.67 万人次、1.87 亿元；建立辍学学生信息库，对 342 名特殊困难家庭学生实行动态管理，对其中的 126 名特殊学生开展送教上门。严格落实建档立卡贫困家庭子女高校入学新生专科、本科分别一次性资助 3 万元、4 万元和小学生、初中生、高中生（中职生）每生每年定额补助政策，全面兑现了不让一名贫困家庭学生因贫辍学的承诺。

7. 实施社会保障兜底工程

将扶贫工作与农村牧区低保政策有效衔接，对农村牧区丧失劳动能力、无法通过产业扶持和就业帮助实现脱贫的，全部纳入最低生活保障；对无劳动能力、无生活来源、无赡养人抚养人的特困人员在自愿的前提下实行集中供养。继续完善医疗保障扶贫体系，继续落实扶贫项目资金支持建档立卡贫困人口购买商业补充医疗保险，提高贫困人口医药报销比例，降低贫困人口就医费用支出，有效解决全市贫困人口因病致贫、因病返贫问题。

对符合条件的贫困人口参加城乡居民基本养老保险的，由地方政府代缴城乡居民养老保险费100元。加快建设为老年人、残疾人、精神障碍患者等特殊群体提供服务的设施，加大对贫困旗县农村牧区互助养老幸福院、老年公寓、养老服务站、特困人员救助供养服务机构等的投入力度。对贫困人口中纳入低保范围的未成年人、老年人、重度残疾人和重病患者，可按照不超过当地低保保障标准的30%提高补助水平。

完善农村牧区低保制度，健全家庭成员因残疾、患重病、子女就学等支出抵减收入因素的低保对象综合认定指标体系，将完全丧失劳动能力和部分丧失劳动能力且无法依靠产业就业帮扶脱贫的贫困人口纳入低保范围，实现应保尽保。在贫困旗县建立特别救助金制度，加大临时救助力度，及时将符合条件的返贫人口纳入救助范围。将符合条件的建档立卡贫困残疾人纳入农村低保和城乡医疗救助范围，完善困难残疾人生活补贴和重度残疾人护理补贴制度，有条件的地区逐步扩大政策覆盖面，优先为贫困家庭有康复需求的残疾人提供基本康复服务和辅助器具适配服务。对16周岁以上有长期照料护理需求的贫困重度残疾人，符合特困人员救助供养条件的纳入特困人员救助供养；不符合救助供养条件的，鼓励地方通过政府补贴、购买服务、设立公益岗位、集中托养等多种方式，为贫困重度残疾人提供集中照料或日间照料、邻里照护服务。重点针对有劳动能力和就业意愿的贫困残疾人，积极发掘就业务工岗位，产业扶贫中可以吸纳贫困人口就业的，优先安排有劳动能力的残疾人就业。将有就业能力和就业意愿的残疾妇女纳入"巧手脱贫"项目重点扶持计划，加大岗位开发和技能培训力度，帮助她们通过从事手工制作增加收入。资产收益扶贫项目要优先安排贫困残疾人家庭。

认真落实健康扶贫"三个一批"政策，在全市300余家医疗定点机构开展"一站式结算"服务，建档立卡贫困患者住院费用平均自付比例降至 10% 左右。规范贫困人口慢性病人管理和服务，2019 年签约贫困慢病患者达 4.74 万人、签约率为 98.7%。对排查出的面积、人员、设备不达标的 44 家贫困苏木乡镇卫生院和 118 家嘎查村卫生室完成标准化改造。累计将 4.5 万名贫困人口纳入低保扶持范围，每人年均补助 3200 元。

新型农村合作医疗包括基本医疗保险和大病保险，能够切断健康与贫困的恶性循环链条，补偿制度能够减轻农牧民的医疗负担。首先，基本医疗保险虽然解决了农牧民的多发病、常见病的问诊拿药和住院的问题，但是慢性病患者除了要住院治疗还要承担高昂的医药费用，基本医疗保险对于慢性病患者来说收益率较低。所以可以根据慢性病患者的特殊性给予慢性病患者家庭更多的医疗补助。其次，健全新农合大病保险机制，推进基本医保、大病保险、医疗救助制度的有效衔接，形成制度合力，将贫困人口纳入重大疾病救助范围，保障贫困人口大病得到救治，实现异地就医的直接结算，共同发挥托底保障功能，努力实现大病患者应保尽保，缓解贫困家庭贫病致贫、返贫问题。最后，加强和提高旗县医疗机构的服务能力，实现患者"小病不出乡，大病不出旗"，从而减轻农牧民的负担，尽最大能力防止农牧民因病致贫。

针对建档立卡残疾人、老年人、行动不便人员等特殊人群，实施家庭病床。加快推进县、乡、村三级卫生服务标准化建设，确保每个贫困旗县建好 1—2 所县级公立医院（含中医院），加强贫困地区乡镇卫生院和村卫生室能力建设，贫困地区每个乡镇卫生院至少设立 1 个全科医生特岗。加强对贫困地区慢性病、常见病的防治，开展专项行动，降低因病致贫返贫风险。开展地方病和重大传染病攻坚行动，实施预防、筛查、治疗、康复、管理的全过程综合防治。

完善救助保障扶贫体系，对农村牧区丧失劳动能力、无法通过产业扶持和就业的贫困人口纳入最低生活保障；对无劳动能力、无生活来源、无赡养人抚养人的特困人员在自愿的前提下实行集中供养。完善医疗保障扶贫体系，提高贫困人口新农合、大病保险报销比例，建立医疗扶贫救助基金，实施医疗救助、临时救助、慈善救助，防止因病致贫返贫。2016 年，推动扶贫工作与农村牧区低保政策有效衔接，各旗县市区落实社会保障兜底政策 4125 人口，其中，落实低保 3990 人口、五保 135 人口。同时，对全市 13.54 万建档立卡贫困人口实施健康扶贫工程，采取"未病先治"措施，为贫困农牧民进行免费体检，及时发现、早期预防，减少因病致贫、因病返贫人口。

通辽市已完成全市 90230 名贫困人员的免费体检工作，体检率达 91.01%，此项工作走在了内蒙古自治区前列。在内蒙古自治区率先开展了家庭病床服务工作，设立家庭病床 1517 张。各旗县市区均建立了健康扶贫保障基金，累计投入资金 1.05 亿元。通过采取"三精准"健康扶贫措施，实施"三兜底"健康扶贫保障政策，全市大病集中救治率达到 98.6%；慢病签约服务率达到 100%；重病兜底救治率达到 92.5%，医疗费用个人自付比例下降到 7% 以下，切实减轻了贫困患者医药费用负担。

将贫困人口全部纳入城乡居民基本医疗保险、大病保险和医疗救助保障范围，切实减轻贫困人口就医负担。落实贫困人口城乡居民基本医疗保险个人缴费财政补贴政策。对新识别贫困人口中的贫困患者进行核实核准，实施有效救治和健康管理，确保贫困人口全部受益。2018—2020 年，以旗县市区为单位，每年对农村牧区患有大病、长期慢性病贫困人口（建档立卡贫困人口、特困人员、贫困残疾人）开展一次调查核实核准工作；每年对全部建档立卡贫困人口开展一次健康体检工作，根据患病实际情况，实施分类分批救治。开展大病专项救治，严格执行"四定两加强"救治措施，规范贫困人口就医秩序和医疗机构诊疗行为。

2018 年年底以前，对已核实核准的儿童白血病、儿童先天性心脏病、胃癌、结肠癌、直肠癌、终末期肾病、食道癌贫困大病患者全部开展救治。将肺癌、乳腺癌、宫颈癌和尘肺纳入救治范围，并逐步扩大救治病种范围，到2020年扩大到30个病种。在全市建立统一的医疗结算网络平台，在市旗两级定点医疗机构设立"一站式"综合结算服务窗口，推动建档立卡贫困患者"一人一档（案）、一次核销"，简化结算程序，方便就医。贫困户住院医疗费用综合报销比例达90%以上。开展慢病建档立卡贫困患者药品直购直送服务，降低药品成本，减少治疗支出。

8. 夯实精准扶贫精准脱贫基础性工作

（1）强化扶贫信息的精准和共享

一是进一步加强建档立卡工作，提高精准识别质量，完善动态管理机制，做到"脱贫即出、返贫即入"。不断完善贫困信息监测系统，针对贫困旗县、贫困嘎查村开展重点监测。结合推进扶贫领域党务、政务、财务"三务"公开工作，扎实做好扶贫信息化工作。强化扶贫信息的精准和共享，抓紧完善扶贫开发大数据平台，通过端口对接、数据交换等方式，实现健康、教育、就业、社会保险、住房、农村低保、残疾人等信息与贫困人口建档立卡信息有效对接。建立起贫困户的信息网络系统，将扶贫对象的基本资料、动态情况录入系统，实施动态管理。对贫困农户实行一户一本台账、一个脱贫计划、一套帮扶措施，确保扶到最需要扶持的群众、扶到群众最需要扶持的地方。每年年终根据扶贫对象发展实际，对扶贫对象进行调整，使稳定脱贫的村与户及时退出，使应该扶持的扶贫对象及时纳入，从而实现扶贫对象有进有出，扶贫信息真实、可靠、管用。

二是阳光操作管理。按照国家《财政专项扶贫资金管理办法》，对扶贫资金建立完善严格的管理制度，建立扶贫资金信息披露制度以及扶贫对象、扶贫项目公告公示公开制度，将筛选确立扶贫对象的全过程公开，避免暗箱操作导致的应扶未扶，保证财政专项扶贫资金在阳光下进行，筑牢扶贫资金管理使用的带电"高压线"，治理资金"跑冒滴漏"问题。同时，还应引入第三方监督，严格扶贫资金管理，确保扶贫资金用准用足，不致"张冠李戴"。[①]

（2）健全贫困退出机制巩固脱贫攻坚成果

严格执行贫困退出标准和程序，规范贫困旗县、贫困村、贫困人口退出组织实施工作。完善扶贫工作考核评估指标和贫困旗县验收指标，对超出"两不愁三保障"标准的指标，予以剔除或不作为硬性指标。[②] 根据《通辽市关于建立贫困退出机制的实施意见》要求，严格执行贫困退出标准，规范工作流程，切实做到程序公开、数据准确、档案完整、结果公正，对脱贫的贫困户实行逐户销号、动态管理，做到政策到户、脱贫到人、有进有出，对因病因学等易返贫人口，有针对性地落实继续保障措施，切实做到稳定脱贫。

（3）健全扶贫考核机制

引导和支持行业部门、民营企业、社会组织和个人积极履行社会责任，形成全社会参与扶贫工作的良好氛围。落实《通辽市旗县市区党委和政府扶贫开发工作成效专项考核办法》，健全贫困旗县党委、政府考核体系，采取季调度、年中督查、年度考核方式，对旗县市区减贫成效、精准识别、精准帮扶、重点项目落实和扶贫资金安排使用等关键指标进行全面考核。[③]

[①] 李瑜：《精准视角下重庆市丰都县脱贫攻坚推进中存在的问题及对策研究》，硕士学位论文，重庆大学，2017 年。

[②] 本刊编辑部：《中共中央国务院关于打赢脱贫攻坚战三年行动的指导意见》，《当代农村财经》2018 年第 10 期。

[③] 通辽市政府网：《通辽市 2017 年推进脱贫攻坚提质工程行动计划》，2018 年 12 月 20 日，http：//www. tongliao. gov. cn/tl/fpjh/2018 - 12/20/content_ 979fac87372e40e092614f6c0afb2fe5. shtml。

（4）加强扶贫开发组织领导

一是坚持把扶贫开发列为头等大事和头号民生工程、"一把手"工程，严格落实"一把手"负总责的脱贫攻坚责任制。成立市扶贫开发工作领导小组、市脱贫攻坚推进组、市扶贫开发领导小组办公室及脱贫攻坚推进组办公室，统筹推进全市扶贫开发工作，加快脱贫攻坚步伐。二是强化定点包联工作。充分发挥中央国家机关、省级领导和市级领导的引领带动作用，完善联席会议等制度，落实各项工作机制。各包联单位要扛起帮扶任务，落实精准脱贫措施，帮助困难群众解决实际困难和问题，动员社会力量参与帮扶工作，构建"大扶贫"格局。三是强化责任落实。各地区各部门要扎实履职尽责，逐级签订责任书、立下军令状，一级抓一级，把减贫任务细化落实到每个贫困嘎查村、精确到每个贫困户，强力推进实施。四是强化基层组织建设。增强贫困地区基层党组织的战斗堡垒作用，配强嘎查村"两委"班子，鼓励优秀干部、高校毕业生到贫困村工作。

（5）逐级落实脱贫责任

一是旗县市区党委和政府承担脱贫攻坚主体责任。旗县市区党委和政府主要负责人是脱贫攻坚第一责任人；乡镇党委政府、嘎查村"两委"承担具体责任，落实具体任务；驻村帮扶干部承担包联责任，贫困户不脱贫、包联干部不脱钩。二是精准选派帮扶干部。各地、各部门要从大局出发，高度认识驻村工作的重要性，切实把政治过硬、能力突出、责任心事业心强、善于做群众工作、对贫困户有深厚感情的骨干力量选上来、派出去，充实到基层一线帮助贫困户因人、因户施策，推进精准扶贫精准脱贫。要坚持谁派出、谁负责的原则，精准管理驻村干部，确保驻村工作真正发挥作用。三是加强驻村工作队培训。对驻村工作队进行精准扶贫政策理论培训，深化思想认识，增强打赢脱贫攻坚战的责任感和紧迫感。加强帮扶干部精准扶贫业务知识培训，不断提高帮扶工作能力和水平。四是完善扶贫机构。配强旗县市区扶贫开发工作力量，增设机构人员编制，四个国贫旗县和两个区贫旗县扶贫机构全部单设；推动镇级扶贫工作站全覆盖，明确主要责任人，配置专职工作人员。同时，强化基层组织建设，整顿提升软弱涣散基层党组织，完善嘎查村级组织运转经费保障机制，提高服务群众水平。①

（二）通辽市巩固扶贫成果的建议

按照党的十九大关于打赢脱贫攻坚战总体部署，根据《中共中央、国务院关于打赢脱贫攻坚战三年行动的指导意见》和《内蒙古自治区党委、政府关于打赢脱贫攻坚战三年行动的实施意见》精神，通辽市强化政策措施、加强统筹协调，充分发挥政治优势和制度优势，坚持精准扶贫精准脱贫基本方略，坚持市县抓落实的工作机制，坚持大扶贫工作格局，坚持脱贫攻坚目标和现行扶贫标准，聚焦贫困地区和贫困群体，突出问题导向、优化政策供给，着力激发贫困人口内生动力，着力夯实贫困人口稳定脱贫基础，严格执行贫困退出程序，弥补漏洞短板，着力排查解决突出问题；探索建立稳定脱贫长效机制，扎实做好后续帮扶工作，巩固脱贫成果；狠抓作风能力建设，加强对脱贫工作绩效特别是贫困县摘帽情况的监督；切实加强组织领导，健全攻坚机制，完善政策措施，以此巩固通辽地区扶贫成果，集中力量全面完成剩余脱贫任务，切实提高贫困人口获得感，确保到2020年贫困地区和贫困群众一道进入全面小康社会，为实施乡村振兴战略打好基础。

---

① 通辽市政府网：《通辽市2017年推进脱贫攻坚提质工程行动计划》，2018年12月20日，http://www.tongliao.gov.cn/tl/fpjh/2018 - 12/20/content_ 979fac87372e40e092614f6c0afb2fe5.shtml。

1. 提高精准扶贫的精准度，对精准识别退出情况"回头看"

精准扶持是以精准识别为基础的，只针对建档立卡贫困户。由于精准识别出现偏差，那么扶持的对象中有一半是非贫困户，而未得到扶持的农户中，又有一半是贫困户，在这种情况下，即使针对建档立卡户的精准扶持措施到位，实际效果突出，但以收入标准进行精准考核必然出现大大低估精准扶贫效果的问题。这是目前精准考核方面面临的困境。[①] 在精准帮扶方面，要强化贫困村"第一书记"和驻村工作队的选派和管理，着力解决驻村帮扶中选人不优、管理不严、作风不实、保障不力等问题，更好地发挥驻村干部脱贫攻坚生力军作用。在精准施策方面，要扎实推进"五个一批"，因村因户因人精准施策。对强劳力全劳力，要引导他们发展产业和转移就业，促进其稳定增收脱贫；对弱劳力半劳力，要通过设置公益性岗位等措施，为他们参与力所能及的劳动提供帮助；对没有劳动能力的老人病人残疾人，要通过社会保障兜底，保障其基本生活。[②]

在贫困退出方面，要按照贫困退出标准、程序严格评估，确保脱贫成果经得起历史和实践检验。对摘帽贫困县、贫困村和脱贫人口，在攻坚期内相关扶贫政策要保持稳定，做好精准识别工作。科学确定扶贫对象评价标准，综合考虑法治要求、道德因素、突发情况，在覆盖收入型贫困户的同时，纳入支出型贫困户，对有子孙而单独立户的老人贫困户等情况科学甄别，妥善处理。依据入村入户调查得来的第一手扶贫资料，建立户有卡、村有册、乡镇有档、市县有信息平台的多维立体档案体

---

① 汪三贵、郭子豪：《论中国的精准扶贫》，《贵州社会科学》2015 年第 5 期。

② 新快报：《有效应对脱贫攻坚面临的困难和挑战》，2019 年 1 月 16 日，https：//finance. sina. com. cn/roll/2019 - 01 - 16/doc - ihqfskcn751 4384. shtml。

系。每年进行一次精准识别"回头看"，既认真识别贫困户，又跟踪识别脱贫户，清理不达标的对象，及时重新纳入返贫对象。

（1）扎实开展脱贫攻坚"回头看"

严格按照"两不愁三保障一低于"标准，对全市建档立卡贫困户、边缘户重新进行一次全面核查，对出现漏评、错评和错退情况的，提前按程序识别、清退和返贫（回退），档外建档管理，确保"应纳尽纳、应扶尽扶、应退尽退"。

（2）对政策措施落实情况"回头看"

认真分析贫困家庭实际情况和致贫原因，逐户逐人逐项核查扶贫政策措施落实情况，确保各项政策措施得到全面落实，发挥帮扶作用，夯实脱贫基础，稳定实现"两不愁三保障"目标。

（3）对扶贫项目资金使用情况"回头看"

对历年已落实的各类扶贫资金和项目进行全面自查，重点核查扶贫项目落实不精准、未发挥效益、资金使用未按规定执行公示公告制度等问题，做到扶贫资金及时拨付、使用规范、发挥效益。

（4）对扶贫信息数据质量"回头看"

对各旗镇贫困村户四级档案信息材料重新进行梳理，根据国家扶贫开发信息系统中的信息对照表，对贫困村、贫困户信息进行全面对照核实，确保信息准确一致、材料完整，妥善归档保管。同时，对照信息采集表和扶贫信息档案，逐户逐人完善旗脱贫攻坚大数据平台信息。

（5）对贫困村基础设施和公共服务情况"回头看"

严格按照内蒙古自治区脱贫攻坚"清零达标"专项行动要求，对嘎查村基础设施和公共服务情况进行全面排查，进一步查漏补缺，补齐短板，确保住房、水电、教育、卫生等全部实现达标，农村牧区人居环境得到明显改善。

（6）对扶贫干部作风"回头看"

对驻村工作队、第一书记、包联干部及嘎查村干部履职尽责、担当作为情况进行全面检查，重点整治扶贫干部队伍中存在的不担当、不作为，官僚主义、形式主义等现象，加强学习培训，强化日常监督，使扶贫干部工作能力得到明显提升，工作作风进一步转变。

（7）对抓党建促脱贫攻坚情况"回头看"

对全旗嘎查村"两委"班子发挥作用、"五面红旗"创建、党员教育管理、党组织生活、村务公开、集体经济发展、便民服务、移风易俗、扶志扶智等情况进行全面系统排查，着力提升基层党组织的凝聚力和战斗力。①

2. 加强和改善党对脱贫攻坚工作的领导

脱贫不返贫，关键要从根本上巩固帮扶成果。脱贫需要高"志向"，攻坚更需好"思路"，真正实现"思路"变"出路"，既需要找到脱贫政策落地生根的"梗阻"，同样需要扶贫干部的责任担当。通辽市广大扶贫干部必须从脱贫攻坚的实际出发，引导贫困群众转变落后观念，同时针对群众实际需求教授种植、养殖等实用技能，在"授人以鱼"的同时"授之以渔"，确保贫困户脱贫后能致富、不返贫。

（1）进一步落实脱贫攻坚责任制

坚持党的领导下开展扶贫工作原则，严格落实各级书记抓扶贫、市旗两级抓落实的工作机制。各级党委、政府是脱贫攻坚的责任主体。通辽市委、市政府主要负责贯彻落实中央、国

---

① 通辽日报：《通辽市科左后旗开展"回头看"巩固提升脱贫成效》，2019 年 5 月 30 日，http：//nmg. sina. com. cn/news/s/2019 – 05 – 30/detail – ihvhiews5619692. shtml？cre = tianyi&mod = pcpager_ fin&loc = 17&r = 9&rfunc = 33&tj = none&tr = 9。

务院和内蒙古自治区党委、政府关于脱贫攻坚的方针政策和决策部署，结合实际制定政策措施，协调跨区域扶贫项目，根据脱贫目标任务制定全市脱贫攻坚滚动规划和年度计划并组织实施；旗县党委、政府主要负责统筹优化配置各类资源要素，组织落实各项政策措施，旗县市区党委和政府主要负责人是第一责任人；各级党委、政府组成部门承担脱贫攻坚具体责任，动员全社会力量参与脱贫攻坚，确保如期实现党中央提出的全面建成小康社会目标。

（2）完善脱贫攻坚考核监督评估机制

改进市对旗县及以下扶贫工作考核，原则上每年对旗县的考核不超过 2 次，缩小范围，简化程序，精简内容，重点评估"两不愁三保障"实现情况，提高考核评估质量和水平。加强对旗县委书记的工作考核，注重发挥考核的正向激励作用。未经内蒙古自治区批准，市级以下不得开展第三方评估。改进约谈方式，开展常态化约谈，随时发现问题随时约谈。完善监督机制，市扶贫开发领导小组每年组织脱贫攻坚督查巡查，纪检监察机关和审计、扶贫等部门按照职能开展监督工作。充分发挥人大、政协、民主党派监督作用。对驻村干部优秀典型，加大宣传，并向旗委推荐，作为提职晋级的依据。建立健全审计监督检查制度，保证扶贫资金安全，建立严格高效的追惩机制，对于侵占扶贫资金的行为进行零容忍，对于监管失责的行为也要落实追责机制，保证扶贫惠民政策的落实。①

（3）加强建设贫困村党组织

深入推进抓党建促脱贫攻坚，全面强化贫困地区农村基层党组织领导核心地位，切实提升贫困村党组织的组织力。一是强化队伍建设。重点从外出务工经商创业人员、本村致富能手

---

① 李琼：《精准扶贫背景下南疆农民融资困境的法律对策研究》，《农村经济与科技》2019 年第 30 期。

中选配。支持党员创办领办脱贫致富项目，完善贫困村党员结对帮扶机制。二是强化责任落实。加强驻村工作队员、第一书记考核和工作指导，对不适应的及时召回调整。派出单位要严格落实项目、资金、责任捆绑要求，加大保障支持力度。集中整治相对后进嘎查村党组织，坚决撤换不胜任、不合格、不尽职的村党组织书记。

（4）深入宣传党中央关于精准扶贫精准脱贫的重大决策部署和脱贫攻坚典型经验

宣传脱贫攻坚取得的伟大成就，为打赢脱贫攻坚战注入强大精神动力。组织广播电视、报纸杂志等媒体推出一批脱贫攻坚重点新闻报道，积极利用网站、微博、微信、移动客户端等新媒体平台开展宣传推广，坚持正向激励，典型引领，重点在六个贫困旗县打造一批可复制、可推广的扶贫模式、经验典型，围绕精准脱贫"五个一批"措施，立足专项扶贫、行业扶贫、社会扶贫三个层面，因地制宜，包括产业扶贫、金融扶贫、易地扶贫搬迁、健康扶贫等模式及驻村帮扶、社会扶贫、贫困户脱贫等经验典型。

（5）开展扶贫领域作风专项治理

把作风建设贯穿脱贫攻坚全过程，集中力量解决扶贫领域责任落实不到位、工作措施不精准、资金管理使用不规范、工作作风不扎实、考核评估不严不实等突出问题，确保取得明显成效。注重工作实效，减轻基层工作负担，减少村级填表报数，精简会议文件，让基层干部把精力放在办实事上。严格扶贫资金审计，加强扶贫事务公开，坚决纠正脱贫攻坚工作中的形式主义、官僚主义。

3. 激发贫困户内生动力，防止返贫

打好扶贫攻坚战，在借助外力的同时，更需激发内生动力。根本在扶志，用好政策激励，让先干的贫困群众先得实惠，增

强其脱贫致富信心，调动更多贫困群众的积极性和创造性；树立脱贫致富的榜样，充分发挥其示范带动作用。关键要扶智，制订培训计划、创业计划、公益岗位计划等，强力推进落实。同时，提高资助贫困家庭学生的标准，大力推进"改薄"工程，强化教育精准扶贫，阻断贫困代际传递。

脱贫攻坚战已进入决战决胜期，农村中还有一些人在贫困线上下徘徊，他们既不属于建档立卡贫困户，也不属于生活较为富裕的群体。这些人一旦遭遇重大不可抗因素（如重大疾病），就会滑到贫困线以下，成为建档立卡之外的新贫困群体。因此，衡量脱贫攻坚成效，关键要看能否做到脱贫不返贫，并且不在原有贫困人口之外产生新的贫困群体。这就需要进一步建立健全稳定的脱贫长效机制，把防止返贫摆到更加重要的位置。要积极稳岗拓岗，提供就业服务，动员引导贫困群众通过务工就业实现稳定增收，切实维护其合法权益。要高度关注边缘人口和返贫人口，建立健全防止返贫常态长效机制，不断巩固脱贫成果，确保稳定脱贫不返贫。通过思想引领，激发贫困人口内生动力，通过道德宣讲、志愿服务、典型树立等形式，从思想上消除贫困群众的"贫困意识"，改变贫困群众的"等靠要"思想，激发贫困群众内生动力，推动"扶贫先扶志、扶贫必扶智"社会氛围的形成，为脱贫攻坚打下坚实的基础。

各地各部门结合贫困户实际，充分发挥职能作用，有针对性地对贫困户开展种植养殖技能培训、手工编织培训及就业指导服务，通过集中授课、现场培训、外地参观等方式，提升贫困群众的知识水平和致富能力。脱贫攻坚工作开展以来，各地注重挖掘脱贫攻坚典型经验，坚持典型引路，发挥典型带动作用，形成强劲的推动力。各地各部门积极选树优秀驻村干部和脱贫示范户，让包联干部、贫困群众学有目标、赶有榜样。同时，充分利用各类媒介宣传报道典型和经验，为脱贫攻坚营造舆论氛围。

充分发挥文化带动作用，组织开展"文化直通车""电影下乡""惠民演出"等系列文化活动，将脱贫政策编排成通俗易懂、群众喜闻乐见的文艺节目，将扶贫理论与政策精神带到村里，带给村民，不断增强贫困群众对美好生活的向往和脱贫奔小康的信心。坚持把移风易俗作为"志智双扶"的重要抓手，示范建立"红白理事会"，大力倡导"喜事新办""丧事简办"等新风气，树立勤俭节约、勤劳自强的良好风尚，教育引导广大群众破除陈规陋习和不良风俗，扶出新思想、新气象、新风尚，让风清气正成为农村的主流。①

比贫困和落后更可怕的就是贫困代际传递，暂时的贫困仅仅是物质匮乏，但当贫困通过家庭传递成为一种常态，弱势群体将从根本上失去向上流动的希望，形成恶性循环。② 不怕一代穷，就怕代代穷，阻断贫困代际传递的根本还是在教育，而在贫困地区，往往都是教育基础薄弱、教育资源紧缺的地区，因学致贫、因贫失学的现象普遍，加大贫困地区教育投入，加大贫困家庭的教育扶持力度，是扶贫工作的重要内容。

4. 在产业扶贫上下真功夫

发展特色产业是贫困地区、贫困户增加收入、提高自我发展能力的根本性举措。通辽市结合当地自然、区位、人力、市场等各种因素，以嘎查村或专业合作社为单位，通过项目、资金、技术引导和扶持，推进"一村一品"，注重发展龙头企业、合作社、专业大户等新型经营主体，完善龙头企业与贫困户利益联结机制，增加贫困户收入。各地积极培育农村电子商务服务企业，加强农村电商人才的培养，规范农村电子商务市场秩

---

① 通辽党建：《库伦旗"志智"双扶激发脱贫内生动力》，2019 年 1 月 11 日，http://www.tlsdj.cn/html/1/186/188/911.html。

② 蔡生菊：《基于贫困代际传递理论的贫困困境及反贫困策略》，《天水行政学院学报》2015 年第 5 期。

序，鼓励农牧民依托电子商务进行创业。通辽市要实施"旅游+扶贫"战略，借助内蒙古自治区发展全域旅游、四季旅游的机遇，加快本地区旅游业发展，鼓励广大贫困农牧民广泛参与旅游业发展，使旅游业成为富民产业。

要大力发展特色产业，充分激励和帮扶贫困户发展特色产业。在有条件的贫困村大力发展乡村旅游业、农家乐等。积极实施光伏发电扶贫项目，抓紧推进立项、建设和发电并网。要发挥新型农业经营主体带动作用，引导专业大户、农业企业等新型农业经营主体发挥自身优势，建立多种利益紧密连接的生产经营模式，吸收更多贫困户加入进来。

扎实推进通辽市贫困地区优势特色产业发展，实现有劳动能力产业扶贫全覆盖。强化劳务协作、技能培训、就业服务等措施，壮大贫困嘎查村集体经济，提高贫困群众发展生产和务工经商能力。对无劳动能力的贫困户做到应扶尽扶、应保尽保，动员组织开展防止返贫致贫志愿服务。建立完善、统一、共享的防止返贫致贫数据平台，及时掌握返贫致贫情况，并加强动态管理，采取有针对性的救助措施防止返贫致贫。

5. 补齐贫困地区基础设施，加大资金整合力度

组织实施贫困村提升工程，继续加大农村道路、安全饮水、危房改造、易地搬迁的力度，改善群众生产生活条件，补齐基础设施短板。坚持把教育扶贫作为长远的治本之策，以保障义务教育为核心，构建完善的教育体系，全面落实教育扶贫政策，大力实施教育扶贫工程，提升贫困地区教育质量和均等化程度。大力实施健康扶贫工程，改善提升基层乡镇卫生院、村卫生室医疗条件和医疗技术水平，强化基本医疗保险、大病救助、临时救助等医疗保障措施，提高特困地区群众健康水平，补齐基本医疗短板。调整优化乡村路、水、电等基础设施规划，积极争取上级支持，发动群众投工投劳，加快推进乡村基础设施提

升工程，为产业发展提供基本保障。

尽快补齐贫困旗县基础设施和基本公共服务"短板"，充分发挥项目带动作用，大力推进贫困地区光伏扶贫、易地扶贫搬迁等工程，尽快实现贫困村宽带全覆盖，加大电商扶贫力度，加快贫困地区生态环境改善，广泛筹集社会资金，集中投向重点贫困地区，切实提升贫困地区基础设施和基本公共服务体系建设资金保障能力，增强贫困村和贫困人口自我发展能力。

6. 巩固脱贫攻坚成果，建立长效机制

贫困地区实施乡村振兴战略，首先要完成脱贫攻坚任务，确保焦点不散、靶心不变、力度不减。乡村振兴的相关政策措施，优先在脱贫摘帽县村实施，保持政策支持力度，巩固脱贫攻坚成果。打赢脱贫攻坚战，只是消除了绝对贫困，缓解相对贫困将是长期任务。要尽早谋划 2020 年后的减贫工作，及时研究现有阶段性政策向 2020 年后过渡，向着到 2035 年人民生活更为宽裕、城乡区域发展差距和居民生活水平差距显著缩小、基本公共服务均等化基本实现、全体人民共同富裕迈出坚实步伐的目标继续前进。巩固和深化精准扶贫精准脱贫机制，谋划好"后三年"和"三年后"的政策衔接，对贫困户脱贫后进行针对性后续扶持和跟踪观测，建立贫困群体标准化测算体系，建立防范返贫可持续发展长效机制，巩固脱贫成果。加强形势分析，及时研究新情况新问题，建立以产业扶持为主导，住房、教育、医疗等措施为一体的综合性开发保障体系，综合解决相对贫困问题。

根据最近印发的《自然资源部 2020 年扶贫工作要点》，通辽市要继续坚决落实《中共中央 国务院关于打赢脱贫攻坚战三年行动的指导意见》牵头任务。支持贫困地区编制村庄规划，挖掘土地优化利用脱贫的潜力。新增建设用地计划、城乡建设用地增减挂钩计划、工矿废弃地复垦利用计划向贫困地区倾斜。

贫困地区建设用地增减挂钩节余指标和工矿废弃地复垦利用节余指标，允许在省域内调剂。建立土地整治和高标准农田建设等新增耕地指标跨省域调剂机制。贫困地区符合条件的补充和改造耕地项目，优先用于跨省域补充耕地国家统筹，所得收益通过支出预算用于支持脱贫攻坚。同时，聚焦攻克深度贫困堡垒，保障深度贫困地区产业发展、基础设施建设、易地扶贫搬迁、民生发展等用地，对土地利用规划计划指标不足部分由中央协同所在省份解决。深度贫困地区开展城乡建设用地增减挂钩可不受指标规模限制，深度贫困地区建设用地涉及农用地转用和土地征收的，依法加快审批，继续加大政策和技术支持力度，助力全面完成脱贫攻坚任务。

结合推进新型城镇化建设，将大型城镇安置区及配套教育、医疗、产业设施用地纳入国土空间一体规划，充分考虑易地扶贫搬迁安置空间需求，合理配置各类空间资源，因地制宜采取整理、复垦、复绿等方式，实施腾退宅基地整治，研究出台易地扶贫搬迁安置住房不动产确权登记相关政策，保障搬迁群众对搬迁安置住房的合法权益。

党的十八大以来，在习近平同志坚强领导下，在全党全国全社会共同努力下，我国脱贫攻坚取得了决定性成就。但也必须清醒地看到，"行百里者半九十"，脱贫攻坚战不是轻轻松松一冲锋就能打赢的。从决定性成就到全面胜利，还要走最后一段最艰难的路，还要啃下最难啃的硬骨头，剩余脱贫攻坚任务艰巨，巩固脱贫成果难度很大。面对这些困难和挑战，必须以责任担当之勇、统筹兼顾之谋、组织实施之能，凝心聚力坚决打赢脱贫攻坚战。

利用建档立卡进行大数据分析，掌握本地贫困人口外出就业和发展产业等情况。组织驻村工作队、村"两委"干部等全面摸清当前贫困劳动力外出务工意愿和发展生产需求。挂牌督战的未摘帽贫困县，要加大力度，抓紧推进剩余脱贫任务，巩固脱贫成果。要转变工作方式，在脱贫攻坚收官之年，各项工作都不能等，有条件的地方抓紧推进，没有条件的地方转变方式及时推进。要调整资金使用，在产业扶贫方面，加大对受疫情影响较大的产业项目生产、销售等环节的支持；在就业扶贫方面，适当安排财政专项扶贫资金用于组织稳定贫困人口就业岗位。

未来通辽市将继续深入贯彻落实习近平总书记考察内蒙古时的重要讲话精神，推动农牧业高质量发展，深化农牧业供给侧结构性改革，调整优化生产力布局，严格落实生态空间规划，严禁不符合生态功能区规划的各类开发活动。调整优化农牧业产业产品结构，严格按照国家划定的粮食生产功能区和重要农产品生产保护区范围和要求，因地施策压减籽粒玉米种植面积，引导农牧民种植蒙中药材、杂粮杂豆、饲草等低耗水、效益高的作物，尽快扭转玉米"一粮独大"的现状，增加优质绿色农产品供给。坚持为养而种、种养结合，大力发展现代养殖业，重点打造集饲草种储、种源建设、母牛扩繁、疫病防治、规模养殖、精深加工、市场交易于一体的肉牛全产业链，不断提高肉牛产业综合实力、品牌影响力和竞争力。

坚持生态优先、绿色发展，高质量发展，落实最严格的水资源管理制度和最严格的耕地保护制度，严守水资源控制红线和用水效率控制红线，在已建设完成640万亩以浅埋滴灌农业高效节水工程的基础上，再经过一到两年努力，建成高效节水农业1000万亩以上，年实现节水10亿立方米以上。加快农业水价综合改革，实现农业用水"总量控制、定额管理、阶梯水价、节奖超罚"的目标。

坚持质量兴农、绿色兴农、品牌强农，巩固提升"科尔沁牛""通辽黄玉米""开鲁红干椒""库伦荞麦"4个区域公用品牌价值，培育打造"扎鲁特草原羊""科左后旗大米""科尔沁黄芪""奈曼小米""科尔沁塞外红苹果""科尔沁沙地葡萄"

6 个区域公用品牌，发展壮大 30 个农牧业企业品牌，扶持 100 种品牌农畜产品，力争到 2021 年，全市农畜产品区域公用品牌价值达到 1000 亿元以上。①

继续聚焦"两不愁三保障"目标任务，解决突出问题，坚持现行标准不动摇、脱贫目标不动摇，紧紧盯住"精准、可持续、激发群众内生动力和提升自我发展能力"三个关键环节，打好重点战役，突出抓好健康扶贫和教育扶贫，全面提高脱贫攻坚质量，为如期全面建成小康社会打下决定性基础。

---

① 人民网：《通辽市：辉煌 70 载　"敖包相会"的地方引世人瞩目》，2019 年 9 月 3 日，https：//www.sohu.com/a/338419812_ 114731。

结　语

改革开放 40 多年来，为解决贫困问题，中国的贫困治理体系经过了多次调整，自 2014 年实施精准扶贫政策以来，内蒙古自治区通辽市精准扶贫政策的落地实施取得了非常好的效果，但是在防止返贫方面也存在着很大的挑战和困难。通辽市通过建设精准扶贫长效机制，在加强生态文明建设、打造生态健康扶贫模式、拓宽产业扶贫路径、加大农牧民培训力度、加大扶贫政策投入力度、加大社会参与度、完善扶贫考核监督体系、对贫困群众进行分类识别以及分类指导等多方面开展工作，扶贫工作取得了很大的成效，贫困人口大幅度减少，农村面貌焕然一新，农牧民生活水平也逐步提高。

本书旨在对通辽市精准扶贫历程及取得的成果进行研究，梳理通辽市精准扶贫的特色模式及减贫效果，总结通辽市在精准扶贫工作中遇到的问题，提出相应的对策建议，为内蒙古自治区及全国其他地区精准扶贫成效评价研究提供新视角，为全国构建精准扶贫长效机制提供借鉴意义。

参考文献

专著

习近平：《摆脱贫困》，福建人民出版社1992年版。

习近平：《决胜全面建成小康社会夺取新时代中国特色社会主义伟大胜利》，人民出版社2017年版。

习近平：《习近平谈治国理政》（第二卷），外文出版社2017年版。

习近平：《在深度贫困地区脱贫攻坚座谈会上的讲话》，人民出版社2017年版。

邓子纲：《大文化视域下产业扶贫与特色发展研究》，中国社会科学出版社2017年版。

葛深渭：《中国式反贫困模式演进与实践》，辽宁教育出版社2016年版。

国家统计局农村社会经济调查司：《中国农村贫困监测报告2009》，中国统计出版社2010年版。

国家统计局住户调查办公室：《中国农村贫困监测报告2017》，中国统计出版社2017年版。

国务院扶贫开发领导小组办公室：《脱贫攻坚政策解读》，党建读物出版社2016年版。

黄承伟：《中国扶贫行动》，五洲传播出版社2014年版。

黄承伟：《中国农村反贫困的实践与思考》，中国财政经济出版社2004年版。

李佳：《旅游扶贫理论与实践》，首都经济贸易大学出版社 2010 年版。

林毅夫、李永军：《中国扶贫政策——趋势与挑战》，社会科学文献出版社 2005 年版。

刘坚：《中国农村减贫研究》，中国财政经济出版社 2009 年版。

刘璐琳：《集中连片特困地区产业扶贫问题研究》，人民出版社 2016 年版。

刘益：《欠发达地区旅游影响研究》，科学出版社 2012 年版。

陆汉文：《中国精准扶贫发展报告》，社会科学文献出版社 2017 年版。

祁苑玲：《中国拒绝贫困》，辽宁人民出版社 2005 年版。

汪三贵、杨龙、张伟宾等：《扶贫开发与区域发展——我国特困地区的贫困与扶贫策略研究》，经济科学出版社 2018 年版。

王俊文：《当代中国农村贫困与反贫困问题研究》，湖南师范大学出版社 2010 年版。

王永红：《美国贫困问题与扶贫机制》，上海人民出版社 2011 年版。

王兆峰：《民族地区旅游扶贫研究》，中国社会科学出版社 2011 年版。

武汉大学中国减贫发展研究中心：《中国反贫困发展报告》，华中科技大学出版社 2016 年版。

徐勇、邓大才等：《反贫困在行动：中国农村扶贫调查与实践》，中国社会科学出版社 2015 年版。

许源源：《中国农村扶贫瞄准》，中国社会科学出版社 2012 年版。

闫坤：《中国特色的反贫困理论与实践研究》，中国社会科学出版社 2016 年版。

杨德进：《旅游扶贫——国际经验与中国实践》，中国旅游出版社 2015 年版。

杨东平：《中国教育发展报告》，社会科学文献出版社 2015 年版。

张红飞：《新时代脱贫攻坚的理论与实践》，合肥工业大学出版社 2018 年版。

张辑：《王建民产业扶贫模式与少数民族社区发展》，民族出版社 2013 年版。

张磊：《中国扶贫开发历程》，中国财政经济出版社 2007 年版。

张岩松：《发展与中国农村反贫困》，中国财政经济出版社 2004 年版。

张志华：《内蒙古精准扶贫研究报告》，社会科学文献出版社 2018 年版。

赵曦：《中国西部农村反贫困模式研究》，商务印书馆 2009 年版。

郑丽萧：《中国扶贫》，中国商务出版社 2017 年版。

郑志龙：《政府扶贫开发绩效评估研究》，中国社会科学出版社 2012 年版。

中共中央宣传部：《习近平总书记系列重要讲话读本》（2016 年版），学习出版社、人民出版社 2016 年版。

左常升：《国际减贫理论与前沿问题》，中国农业出版社 2014 年版。

期刊论文、学位论文

陈丽华、董恒年：《可持续旅游扶贫开发模式研究——社区参与乡村旅游》，《淮海工学院学报》（社会科学版）2008 年第 6 期。

邓维杰：《精准扶贫的难点、对策与路径选择》，《农村经济》2014 年第 6 期。

顾海娥：《民族地区精准扶贫的实践困境及解决路径——基于利益相关者理论的分析》，《新视野》2017 年第 2 期。

郭莉：《内蒙古贫困现状与扶贫开发措施探析》，《前沿》2016
年第 2 期。

胡善平：《精准扶贫绩效考核指标体系构建研究》，《沈阳农业大
学学报》（社会科学版）2016 年第 5 期。

黄承伟、覃志敏：《我国农村贫困治理体系演进与精准扶贫》，
《开发研究》2015 年第 2 期。

霍萱、林闽钢：《中国农村家庭多维贫困识别指标体系研究》，
《社会科学战线》2018 年第 3 期。

雷望红：《论精准扶贫政策的不精准执行》，《西北农林科技大学
学报》（社会科学版）2017 年第 1 期。

李红妹：《加强职业教育　隔断贫困的代际传播》，《绿色中国》
2018 年第 8 期。

李琼：《精准扶贫背景下南疆农民融资困境的法律对策研究》，
《农村经济与科技》2019 年第 30 期。

李赛：《内蒙古太阳能光伏产业发展潜力分析》，《科技创新与应
用》2014 年第 10 期。

李有发：《教育扶贫的现实依据及其对策》，《哈尔滨市委党校学
报》2006 年第 2 期。

马雪薇、郝木兰：《内蒙古蒙药产业发展现状及存在问题的分
析》，《北方经济》2011 年第 14 期。

申秋：《中国农村扶贫政策的历史演变和扶贫实践研究反思》，
《江西财经大学学报》2017 年第 1 期。

舒莉芬：《教育贫困与收入贫困关系的实证研究——以江西省连
片特困地区为例》，《教育学术月刊》2016 年第 31 期。

唐丽霞、罗江月、李小云：《精准扶贫机制实施的政策和实践困
境》，《贵州社会科学》2015 年第 5 期。

童星、林闽钢：《我国农村贫困标准线研究》，《中国社会科学》
1994 年第 3 期。

汪三贵、郭子豪：《论中国的精准扶贫》，《贵州社会科学》

2015 年第 5 期。

汪三贵：《以精准扶贫实现精准脱贫》，《中国国情国力》2016
年第 4 期。

汪向东、王昕天：《电子商务与信息扶贫：互联网时代扶贫工作
的新特点》，《西北农林科技大学学报》（社会科学版）2015
年第 4 期。

王丹：《脱贫攻坚的内蒙古实践——我区贯彻落实精准扶贫、精
准脱贫基本方略纪实》，《实践》（思想理论版）2017 年第
6 期。

王和顺：《对新阶段内蒙古扶贫开发的认识》，《北方经济》
2014 年第 12 期。

王介勇、陈玉福、严茂超：《我国精准扶贫政策及其创新路径研
究》，《中国科学院院刊》2016 年第 31 期。

王强：《贫困群体脱贫内生动力及影响因素研究——基于全国农
村困难家庭 2014—2016 年面板数据的实证分析》，《云南民族
大学学报》（哲学社会科学版）2020 年第 1 期。

王小林：《贫困标准及全球贫困状况》，《经济研究参考》2012
年第 55 期。

温丽、乔飞宇：《扶贫对象精准识别的实践困境及其对策》，《长
白学刊》2017 年第 3 期。

吴春宝、尼玛次仁：《精准扶贫背景下西藏农牧区贫困问题特征
及政策启示》，《黑龙江民族丛刊》2017 年第 6 期。

吴雄周、丁建军：《精准扶贫：单维瞄准向多维瞄准的嬗变——兼
析湘西州十八洞村扶贫调查》，《湖南社会科学》2015 年第 6 期。

杨艳琳、袁安：《精准扶贫中的产业精准选择机制》，《华南农业
大学学报》（社会科学版）2019 年第 2 期。

杨艳：《民族地区精准扶贫的困境与出路》，《人才资源开发》
2017 年第 4 期。

张立群：《连片特困地区贫困的类型及对策》，《红旗文稿》

2012 年第 22 期。

张琦、冯丹萌：《我国减贫实践探索及其理论创新：1978—2016 年》，《改革》2016 年第 4 期。

张小利：《中国西部地区旅游开发与旅游扶贫》，《湖南农业大学学报》（社会科学版）2006 年第 7 期。

赵曦、赵朋飞：《我国农村精准扶贫机制构建研究》，《经济纵横》2016 年第 7 期。

郑瑞强、王英：《精准扶贫政策初探》，《财政研究》2016 年第 2 期。

周兵、黄显敏、任政亮：《民族地区旅游产业精准扶贫研究——以重庆市酉阳县为例》，《西南民族大学学报》（人文社会科学版）2018 年第 1 期。

白杨：《内蒙古农牧区精准扶贫瞄准识别研究》，硕士学位论文，内蒙古工业大学，2019 年。

佈仁巴亚尔：《内蒙古正蓝旗精准扶贫政策实施现状与对策研究》，硕士学位论文，内蒙古师范大学，2019 年。

邓小海：《旅游精准扶贫研究》，博士学位论文，云南大学，2015 年。

郝涛：《习近平扶贫思想研究》，博士学位论文，湖南大学，2017 年。

李凤智：《改革开放以来我国农村扶贫实践研究》，硕士学位论文，南京大学，2018 年。

李雨辰：《我国西部地区精准扶贫：理论追溯、实践现状与成效评价》，硕士学位论文，南京大学，2018 年。

刘牧：《当代中国农村扶贫开发战略研究》，博士学位论文，吉林大学，2016 年。

王洪涛：《中国西部地区农村反贫困问题研究》，博士学位论文，中央民族大学，2013 年。

王浪：《民族社区参与旅游发展的动力机制研究》，硕士学位论文，湘潭大学，2008 年。

乌日汗：《内蒙古科右中旗精准扶贫效应研究》，硕士学位论文，
内蒙古师范大学，2018 年。

吴海燕：《民族地区经济发展中电子商务模式研究》，硕士学位
论文，中央民族大学，2016 年。

徐天平：《内蒙古蒙药产业现状与现代化发展策略研究》，硕士
学位论文，内蒙古大学，2009 年。

杨曦：《西南地区少数民族教育内源发展研究》，博士学位论文，
西南大学，2007 年。

张爱琼：《农村精准扶贫问题研究》，硕士学位论文，云南财经
大学，2016 年。

张娜：《内蒙古精准扶贫绩效研究》，硕士学位论文，内蒙古财
经大学，2018 年。

相关网站

内蒙古新闻网，http：//inews. nmgnews. com. cn/system/2018/
07/03/012524374. shtml。

内蒙古自治区扶贫开发办公室，http：//www. nmgfpw. gov. cn/。

内蒙古自治区人民政府办公厅，http：//www. nmg. gov. cn/art/
2018/8/28/art_ 1524_ 220049. html。

人民网，http：//nm. people. com. cn/GD/196712/388749/。

中国社会扶贫网，http：//zgshfp. com. cn/。

后　　记

　　《中国脱贫攻坚调研报告——通辽篇》是在中国非洲研究院直接领导下所推出的一份关于中国少数民族地区的脱贫研究报告。课题组成立以来，我们得到了中国非洲研究院、通辽市委市政府、内蒙古民族大学的大力支持，特别是中国非洲研究院院长李新烽、副院长王林聪、通辽市扶贫办主任朱子波以及内蒙古工业大学党委书记刘志彧、内蒙古民族大学党委书记陈永胜、内蒙古民族大学校长赵东海的支持，在此对各位专家和领导表示衷心感谢！

　　课题写作过程中，除了查阅了大量公开报道的资料和已有研究成果，课题组成员也做了一定的实地调研，但其中错误在所难免，希望得到有关方面提出的意见和建议。

　　任何研究成果的最终出版及其发挥作用，最应该感谢的还是它的研究对象，对本报告而言，就是中国伟大的减贫事业。

　　课题主要执笔人是王苏敏副教授。

课题组：王苏敏、王泰、安春英

2020 年 7 月 7 日

内蒙古通辽

王苏敏，1979 年生，内蒙古自治区通辽市人。2003 年毕业于内蒙古民族大学，获历史学学士学位；2006 年毕业于哈尔滨师范大学，获历史学硕士学位；现为内蒙古民族大学马克思主义学院副教授。在《西北民族大学学报》《黑龙江民族丛刊》等刊物发表论文多篇。

王泰，内蒙古民族大学法学与历史学院教授，世界史研究所副所长，历史学博士，内蒙古自治区重点学科世界史学科带头人，国家民委服务"一带一路"倡议区域国别重点研究基地"中东研究中心"主任，中国非洲史研究会副秘书长、中国中东学会常务理事、中国亚非学会理事，《阿拉伯世界研究》和《中东研究》编委；内蒙古自治区"新世纪 321 人才工程"第一层次人选，内蒙古自治区高校首批"A 类青年科技领军人才"，国家社会科学基金项目评审和鉴定专家；主要从事中东史和埃及史、中东国际政治的教学与研究。

安春英，中国社会科学院西亚非洲研究所《西亚非洲》编辑部主任、编审；兼任中国非洲问题研究会秘书长、中国国际关系期刊研究会常务理事、中国亚非学会理事、中国中东学会理事。主要研究方向为非洲经济、非洲减贫与可持续发展问题。主要著述：《非洲贫困与反贫困问题研究》（独著，2010年）、《中非发展合作的多维视阈》（主编，2012 年）、《中国发展经验对非洲国家经济发展的启示》（论文，2016 年）、《中非减贫合作与经验分享》（独著，2018 年）、《中国对非减贫合作：理念演变与实践特点》（论文，2019 年）等。

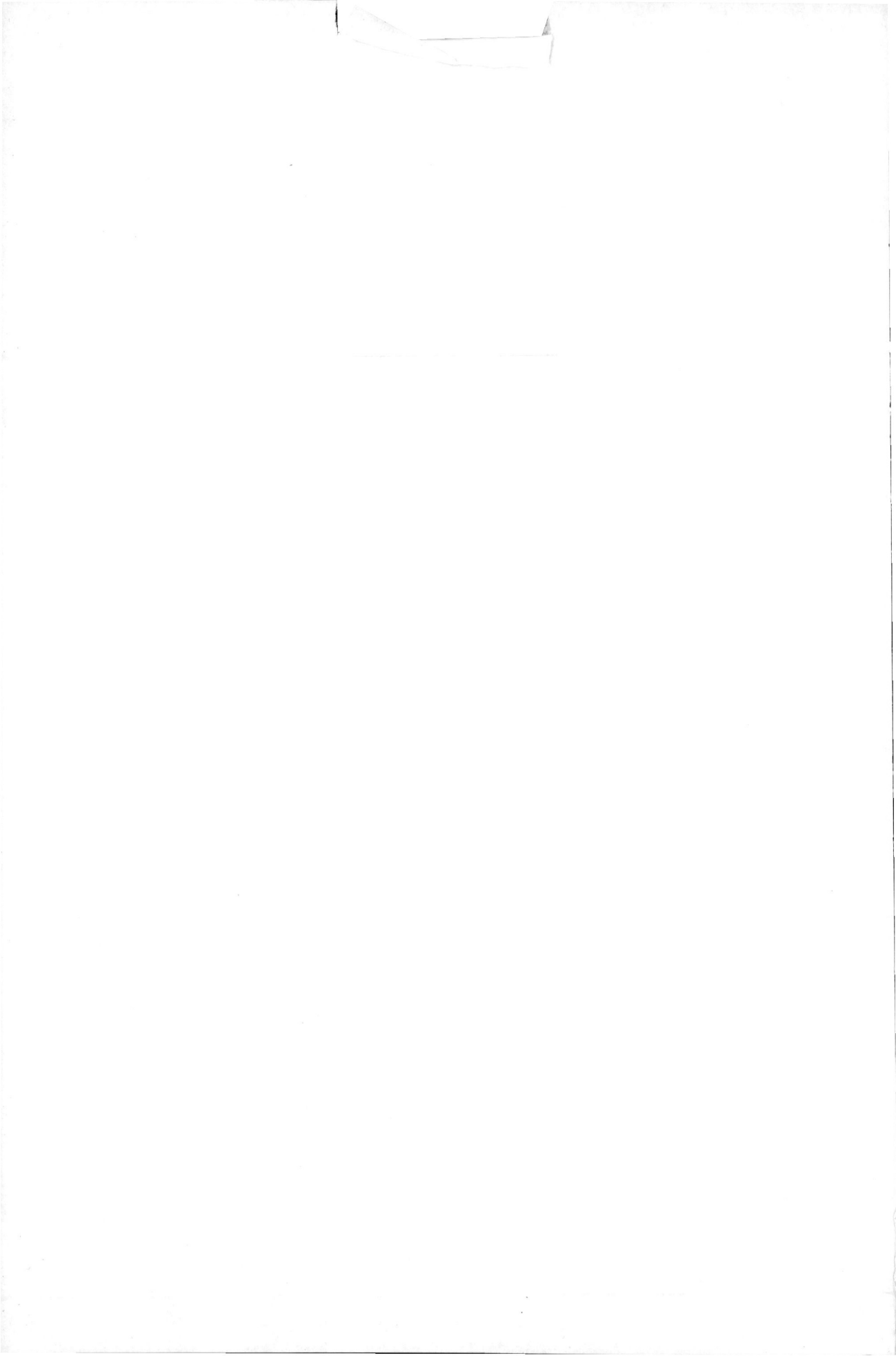